SEM

(16e Mille)

Un pékin sur le front

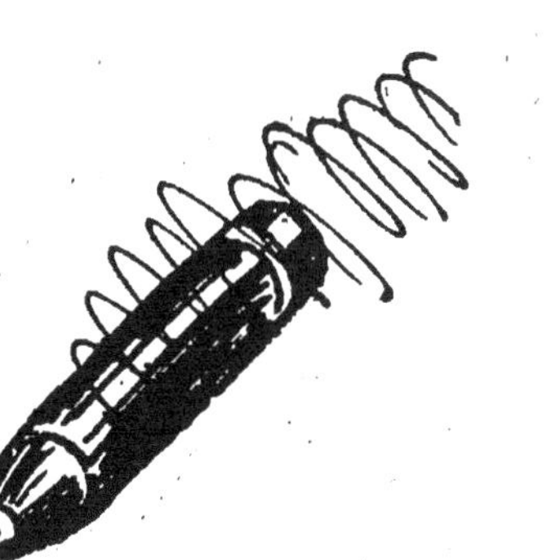

JUSTIFICATION DU TIRAGE

Il a été tiré de cet ouvrage 25 exemplaires sur papier Impérial du Japon numérotés de 1 à 25 et 200 exemplaires sur papier de Hollande numérotés de 26 à 225.

Les exemplaires sur Japon portent une remarque originale de l'auteur et sa signature et les exemplaires sur Hollande la signature de l'auteur.

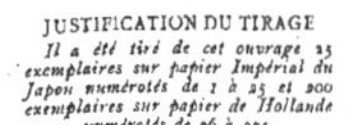

SEM

un pékin sur le front

Ouvrage illustré de 150 Dessins de l'Auteur.

PRÉFACE DE
FERNAND VANDÉREM

SEIZIÈME MILLE

ÉDITIONS PIERRE LAFITTE
90, CHAMPS-ÉLYSÉES, PARIS

SEM ECRIVAIN

POUR un peintre c'est toujours un saut péril-
leux que de passer des pinceaux à la plume.
S'il s'en tire mal, il ne recueillera que l'humi-
liant petit bravo à l'amateur. S'il s'en tire bien,
on lui jette à la tête Fromentin. Je conçois que
plus d'un y regarde.

Sem, il est vrai, se trouvait, d'emblée, à l'abri
de ces deux risques professionnels. Car, bien
avant même d'écrire, c'était déjà un écrivain-né.

Pour s'en convaincre, du reste, il n'y avait
qu'à l'entendre causer.

Non pas que Sem soit un de ces « brillants
causeurs » dont les mots se colportent sur le bou-
levard comme une monnaie d'échange ; ou l'un
de ces redoutables péroreurs de salles à manger,
qui gagnent leur dîner à la sueur de leur faconde.
Sem, au contraire, ne recherche jamais le mot,

et à l'occasion — autrement dit, le plus souvent — il sait se taire.

Mais quand un sujet le prend et qu'il se livre, je ne connais pas de conversation plus savoureuse que la sienne.

C'est celle d'un homme qui, malgré sa tournure d'adolescent, a beaucoup vécu, beaucoup regardé, beaucoup retenu. De l'âpreté, de la malice, de la belle humeur, cela va sans dire, mais aussi de l'expérience, de la patine, des points de repère tout ce qui permet de garder, dans les jugements sur les choses et les gens, le sens des proportions et le sens des valeurs.

Je ne me souviens plus qui disait d'un de nos hommes d'État : « Il n'a pas été assez chez Maxim's. » Sem, lui, y a été assidu et bien ailleurs encore : dans sa vieille province périgourdine qu'il ne quitta que sur le tard, dans tous les coins mondains, sportifs, politiques de notre Paris qu'il possède comme personne, aux fêtes de Nice, de Monte-Carlo, de Deauville, ces Babels où se pavanent et peuvent s'étudier tous les types de l'étranger.

Alluvion inépuisable, dont les bouffées, mon-

tent constamment dans les propos de Sem, et,
presque à chaque mot, les parfument de vérité.

Ajoutez-y la caractéristique de l'esprit du jour :
l'image, la comparaison soudaine et inattendue
qui va plus loin, pénètre plus avant qu'une
répartie heureuse ou qu'une formule bien balan-
cée. Ajoutez tout un jeu d'images variées, tantôt
cocasses, tantôt profondes, d'un trait toujours
précis, d'une nuance toujours juste — et vous
aviez déjà en Sem un littérateur complet. Il ne
lui manquait plus que la plume.

Il la prit un jour, en tremblant, j'imagine,
parce qu'il est modeste et se défie de lui-même
plus encore que des autres, ce qui n'est pas peu
dire. Il la prit et publia au Journal sa première
chronique. Ce fut tout de suite, pour le public,
un enchantement et, pour le monde des lettres, une
révélation. Des confrères me disaient, non sans
anxiété : « Mais il a beaucoup de talent ! Est-ce
qu'il va continuer ? » Je répondais évasivement.
Pourquoi les affliger par des certitudes ?

Car j'étais bien sûr, j'aurais payé dix que
Sem continuerait. Outre ses dons naturels, n'y
était-il pas inéluctablement poussé par la fata-

lité de métier qui veut que tout caricaturiste écrive ? Ni Daumier, ni Gavarni, ni Forain, ni Faivre n'y avaient échappé : au-dessous de leurs personnages toujours leur pensée écrite — ces légendes fameuses dont quelques-unes sont devenues classiques. Et Sem eût été le seul à nous donner ses dessins tout nus, tout crus, sans une ligne de commentaire ! Défi trop grave à la tradition pour se prolonger impunément ! En réalité, cette première chronique, c'était vingt ans de légendes rentrées qui crevaient, prenaient leur premier essor — toute une avalanche d'arriéré qui se déclenchait.

Sem, cependant, sut l'endiguer. Malgré le succès grandissant, il y allait doucement, ne publiait d'articles que de loin en loin, selon la circonstance propice ou l'event digne d'attention.

1914 lui en fournit un et de taille ! La guerre ! Cette guerre ! Voir cela ! Quelle tentation, quel rêve, quel besoin, pour une nature aussi avide d'impressions, de spectacles nouveaux, d'émotions partagées avec la foule ! Et quelle tunique de Nessus, que ce veston de civil qui lui fermait la zone des armées !

Dès la première tournée officielle qui en ouvrit l'accès à la presse, Sem s'élança dans le train et scruta de tous ses yeux ce que nos sages gouvernants autorisaient alors à voir. Pas assez, probablement, pour son goût, car il y retourna, seul cette fois, casque en tête, poussant aussi avant dans les lignes que le permettait la consigne, courant la Champagne, la Somme, Verdun, contemplant, s'imprégnant, croquant, griffonnant, arraché sans cesse de Paris par la nostalgie du front qui l'attirait comme un aimant.

Tout le long de la route, le peintre et l'écrivain, chacun de son côté, avaient travaillé ferme. Au retour, il fallut démêler les papiers. Ceux du premier constituèrent un album admirable que tous les amateurs se disputent. Les papiers du second formèrent des articles, et les articles ce volume.

Lorsqu'ils parurent dans le Journal, je ne crois pas exagérer en disant qu'à l'arrière comme à l'avant, ils firent sensation.

Le premier, notamment, les Statues de boue, frappa d'une sorte de surprise.

C'était la première fois qu'on offrait à la zone

de l'intérieur, en regard des instantanés joviaux
et des films de complaisance, une aussi rude pein-
ture de la misère du soldat ; la première fois qu'on
révélait le sublime stoïcisme de nos troupes
devant cet ennemi sournois, muet, mais implacable : la Boue — la Boue dont le nom lugubre
revenait sans trêve sous la plume de l'auteur
comme celui d'une divinité obsédante et maudite.

Mais à l'étonnement causé par cette tragique
vision couleur d'ocre succédant à tant de roses
lithos, s'ajoutait une stupeur non moindre : lire au
bas de cette fresque poignante la signature de Sem !

Un des torts de l'humanité, c'est de ne pas
prendre le rire au sérieux. Le respect ne va qu'à
la gravité. Qu'un homme ait de l'esprit, badine,
cache sous l'ironie ou la caricature ses émois,
ses colères, ses mépris, le voilà du coup exclu
de la poésie, de la sensibilité, de la grandeur.

Le premier article de Sem déconcertait ce pré-
jugé. Les suivants en achevèrent la déroute.

Sans doute l'humouriste n'avait pas renoncé.
Dans les moments les plus pathétiques le ridicule
garde ses droits, souvent en abuse. Et Sem avait
un instinct de sincérité trop vif pour ne pas se

divertir de certaines petites faiblesses, fût-ce
les siennes — et pour les taire. Mais en plus de
cette franchise d'un piment si rare, ce qui sur-
haussait toujours davantage ces chroniques, ce
qui les élevait graduellement de plusieurs crans
au-dessus d'un reportage quelconque ou d'une
vulgaire chose vue, c'était chez Sem une extraordinaire faculté de communier avec les héros et
les décors de l'immense tragédie en cours — un don
exceptionnel de s'attendrir, de vibrer, de s'embal-
ler à fond, que n'eussent guère soupçonné jadis,
sous ses ricanements, les camarades du bar ou
les jolies amies de Longchamp.

Aussi quelle hésitation à choisir parmi tant
de pages d'une diversité si grande et d'une si
égale perfection !

Les uns préféreront la Route qui marche,
cette fantastique procession des mastodontes de
nos convois ; d'autres les éblouissements du
Champ de bataille la nuit où la plume
flamboyante de l'artiste réalise les prodiges d'un
Ruggieri ; d'autres encore, tel bref épisode, d'une
délicatesse accomplie, où l'auteur se signe et
fait sa prière dans un humble cimetière bossué de

nos morts ; d'autres enfin, retrouvant leur Sem coutumier, donneront peut-être la palme à l'irrésistible drôlerie de son entrée à Verdun....

Qu'importent vos préférences! Ce qui partout, selon le cas, vous captivera ou vous empoignera, c'est la largeur de l'exécution, le déferlement d'images neuves, de mots fringants, de tonalités vivaces, l'emportement de cette prose fougueuse et disciplinée comme une charge à la baïonnette— et tout ce qui s'en dégage, à jet continu, de mouvement, de puissance, de vie.

La guerre avait déjà produit trois œuvres remarquables : l'Étude sur l'attaque, *du capitaine* Laffargue, la Guerre Madame, *de* Géraldy, le Feu, *de* Barbusse. *A côté du militaire et des deux écrivains, Sem, avec son volume, vient se ranger en très belle place.*

Toutefois l'impartialité me commande de signaler qu'il a obtenu une consécration ignorée de ses devanciers et dont, pour finir, je vais rapidement vous conter l'histoire.

Vous trouverez dans le volume un chapitre désormais célèbre : Les Chasseurs acclamés par les Russes, au camp de Mailly. *C'est un* morceau que je ne saurais qualifier mieux que d'étonnant. Il y a là un miracle de rendu dont je ne me rappelle presque pas d'exemple. On se sent assourdi par les vivats des Russes, aveuglé par les étincellements des clairons, soulevé, comme Sem lui-même, par l'ivresse qu'il nous décrit. Je défie le boulevardier le plus coriace de n'être pas saisi d'un frisson patriotique en parcourant ces lignes frémissantes.

Le jour où elles parurent, tout Paris ne parla que de cela. Mais au front, une plus glorieuse fortune encore les attendait.

Le général X..., un de nos chefs les plus illustres, enthousiasmé par cet article de maître, donna l'ordre de le lire publiquement, dès le lendemain, dans tous les cantonnements de ses divisions. Et ainsi fut fait.

Connaissez-vous beaucoup d'écrivains à qui soit échu ce double bonheur : écrire une page d'anthologie et la voir lire, devant les troupes, comme un Bulletin de la Grande Armée !

Fernand VANDÉREM.

Quelques amis trop indulgents m'ont engagé à réunir en volume ces impressions que j'ai notées pour Le Journal à des dates diverses de la guerre. J'ai suivi leur conseil, heureux si je puis faire passer dans le cœur de ceux qui me liront un peu de l'émotion que j'ai éprouvée.

AVANT-PROPOS

*L*e civil qui vient de passer deux heures dans les tranchées ne me paraît pas avoir suffisamment mérité l'honneur de décrire un champ de bataille ; ou du moins, s'il le fait, doit-il s'en excuser. Ceux-là seuls qui ont pris part à ces terribles fêtes devraient avoir le droit de les raconter. — La parole est à eux comme au canon. — A côté des combattants, dont nous lisons pieusement les lettres et les récits, le pékin qui a obtenu la rare faveur d'approcher les armées en campagne ne peut prétendre à être autre chose qu'un très modeste tourneur de cinéma.

Certaines de ces notations remontent à deux ans et plus. Aujourd'hui peut-être paraîtront-elles déjà surannées. — On trouvera qu'elles « datent » — tant cette guerre renouvelle vertigineusement les aspects de son décor sans cesse amplifié. Telles quelles je les publie cependant, car elles fixent des émotions et des images qui sont comme les points de repère de notre souvenir.

I

LES STATUES
DE BOUE.....

I

LES STATUES DE BOUE

Je quitte l'avenue du Bois, animée d'une vie élégante sous un ciel de printemps. Le soir, je suis à Châlons et, le lendemain matin, je pars en automobile, avec quelques camarades, pour le front.

N'était la carabine fixée au côté du soldat chauffeur, on nous prendrait pour de simples touristes en excursion. Sur le bord de la route, dans les champs cultivés, des femmes ramassent des herbes, un laboureur trace son sillon ; devant les fermes, les poules picorent : tout est paisible, ordonné.

Rien ne fait deviner que derrière cet horizon tranquille il y a l'épouvantable guerre.

Nous nous regardons étonnés et un peu déçus de ce calme.

Tout à coup, sur une hauteur, j'aperçois un moulin aux ailes brisées, qui fait, avec ses moignons, des gestes de détresse. Que voit-il donc, là-bas, au loin, de si terrible que nous ne pouvons encore apercevoir ?

Peu à peu, l'aspect du paysage se modifie ; il perd son sourire, devient plus grave. Voici des sapins tordus, déchiquetés, une maison incendiée, occupée par des soldats aux mines rudes, à la barbe inculte. Çà et là, sur des tertres, s'élèvent des croix de bois auxquelles sont accrochés de pauvres petits képis rouges, pareils à des coquelicots fanés, oubliés dans les champs.

Il plane sur la campagne, maintenant déserte, une sorte d'épouvante vague. Les arbres ont cet aspect effaré, ces attitudes de fuite qu'ils prennent, sous l'effort du vent, aux abords des grèves. Comme l'océan le champ de bataille s'annonce par une zone d'effroi. Mon cœur se serre.

Des autos militaires, des motocyclettes,
boueuses passent en trombe et nous éclabous-
sent brutalement. Nous croisons, sur la route
défoncée, d'interminables files de voitures de
ravitaillement, chariots de nomades couverts
de bâches maculées et déjetées, aux roues embourbées, traînés par des chevaux de bohémiens, des centaines d'autobus parisiens défi-
gurés, méconnaissables, retournés, si j'ose dire,
à l'état sauvage ; tout cela, équipages, bêtes et
gens, fangeux, rendu farouche par une fauve
patine de guerre, déjà terrible. Des soldats,
qui ont l'aspect debrigands, arrêtent rudement
notre auto, pointant des baïonnettes décidées
aux portières. On montre des papiers, on passe.
Nous approchons du front, nous entrons dans
ue drame.

Près d'un enclos, où piétinent dans
la bouse des milliers de bœufs qui
meuglent lamentablement, se
dressent des espèces de gibet
d'où pendent des corps
sanglants d'animaux que
des soldats étripent

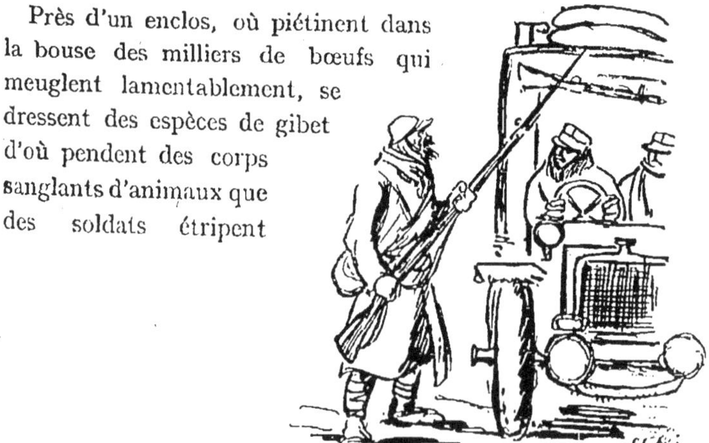

de leurs bras rouges : Montfaucon sinistre qui
évoque des images de carnage. La route n'est
plus qu'un ravin de boue, cette boue de Champagne blanchâtre et visqueuse, un mastic hui-
leux qui gicle sous les pneus.

Dans cette description que je tente, le
mot boue reviendra à chaque instant ; il faut
en prendre son parti. C'est le leitmotiv imposé,
c'est la matière même du tableau. Mais qu'importe ! A la guerre comme à la guerre !

Nous n'avançons plus qu'avec la plus grande
peine au milieu d'un encombrement inimagi-
nable de chariots, de camions, de caissons re-
tentissants, qui se heurtent, cahotent, glissent,
patinent au milieu du ronflement furieux des moteurs et du piétinement
des chevaux. Cela devient formidable.
La tête commence à me tourner, je

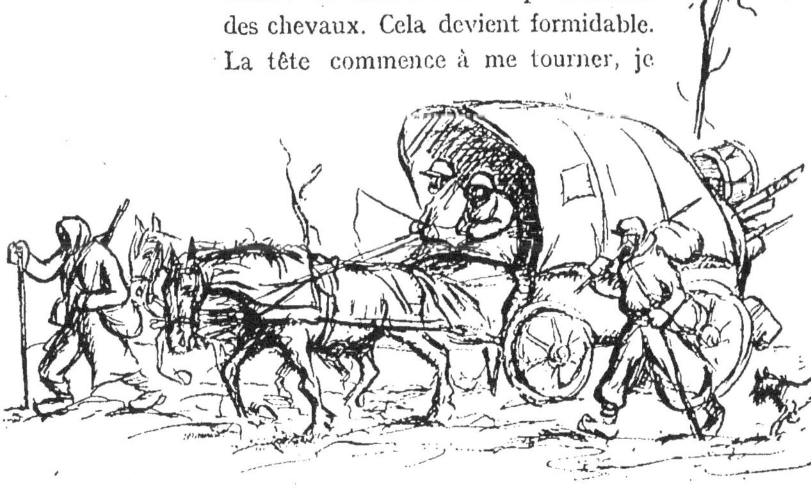

me sens pris de vertige. Au loin grondent, comme un bruit d'orage, les coups sourds, espacés, solennels du canon. Il me semble que je viens d'avaler d'une gorgée, un verre de vodka ; je me sens ivre. Nous pénétrons sur un terrain trépané, scalpé par les obus. Le sol

a été tellement bouleversé, ravagé, criblé de trous par les marmites allemandes que cette fondrière ressemble à une cuve de chaux vive encore bouillonnante : on dirait que ça fume. Il y avait là, paraît-il, un village. Il n'en reste plus

que quelques chicots de murs calcinés. Il a fait
place à un effroyable cloaque purulent, blême, d'où
émergent partout des moignons d'arbres amputés
par les soldats du génie ou déchiquetés par les
projectiles, pareils au bois de réglisse que les

enfants effilochent avec leurs dents. Dans
cet immense entonnoir de tourbe, les soldats
au repos sont cantonnés. Ils sont abrités dans
les caves des maisons rasées, dans des baraquements en planches, des gourbis en branchages

des espèces d'isbas en troncs d'arbres, des ta-
nières, de simples trous remplis de paille. Les
épaulements de terre qui s'élèvent sur les côtés
sont, du bas jusqu'aux crêtes, taraudés, per-

forés de mille manières, comme un pain de
gruyère. Ce ne sont partout, étagés sur les pentes, que clapiers, terriers, galeries creusées dans
la tourbe, dont on aperçoit les ouvertures en-

fumées. Nous voyons de loin grouiller, patauger
là-dedans toute une population bizarre d'êtres
couleur de boue, qui s'activent, sortent des
trous, y rentrent, vont et viennent parmi les
huttes et les gourbis, devant lesquels fument
des cuisines de sauvages.

Des chevaux hirsutes, incroyablement crot-
tés, se baignent dans des mares jaunâtres d'où
ils sortent tous uniformément alezans de la
tête aux sabots, entièrement badigeonnés de
boue. Cela ressemble à la fois à un campement de
bohémiens ou de Lapons, à une sorte de Tom-
bouctou fangeuse, à une cité lacustre ou une
ville de troglodytes. Certes, j'avais vu cela
reproduit dans les photographies des illustrés,
mais je n'en avais pas la moindre idée. On croit
rêver. La vie civilisée est brusquement reculée,
abolie. Le tableau que je contemple, absolument sidéré, n'est d'aucun temps, d'aucun pays.
Suis-je en Perse, au désert, en Sibérie, dans la
lune ? Je me sens reporté aux époques primi-
tives du monde, à l'époque tertiaire, à l'âge de

boue. Cette guerre a créé des décors nouveaux. Cela n'a pas encore de nom.

Pour achever de me dépayser, de mettre mon imagination en déroute, défilent devant moi des caravanes de Marocains, coiffés de chéchias

jaunes, drapés dans des gandouras rayées qui flottent au vent du matin, toutes espèces de figures d'Afrique, bronzées et sauvages, silhouettes superbes dressées sur des petits chevaux qui se cabrent et enfoncent dans la boue jusqu'au poitrail.

Baoum !... Baoum !...

Encore, au lointain, la voix pathétique du canon....

Nous avançons toujours très lentement dans cette tourbe crayeuse, barattée par les roues de notre auto, élégante limousine devenue une sorte de drague, une marie-salope, comme disent les marins. Je griffonne à la hâte, fiévreusement, entre deux cahots, les notes de couleur, les images qui se bousculent dans mon imagination surexcitée.

Des brancardiers s'effacent pour nous laisser passer. Deux corps aux figures sanglantes sont étendus sur des civières, sous des couvertures brunes d'où sortent de pauvres pieds boueux. Nous détournons la tête en enlevant nos casquettes. Brrr ! J'avale une gorgée de cognac à ma gourde. Tout près de nous, des territoriaux enterrent quatre cadavres de chevaux gonflés, aux jambes raidies dans une ruade

immobile, aux longs cous détendus de girafes. Partout des croix de bois, jusque sur les crêtes, où leurs bras se silhouettent sur le ciel.

Mais voilà que du fond du ravin surgit, dévale vers nous une cohorte de spectres blafards, d'êtres fabuleux, impossibles à définir. A cette distance, je ne puis encore distinguer ce qu'est en réalité cette livide apparition. On dirait une procession de pénitents, de trappistes revêtus de frocs de bure blanchâtre. Cela approche et se précise. Est-ce une équipe de puisatiers qui émergent de ce cratère de fange où se répercutent les détonations étouffées des canons ? Tout à coup, je reste muet d'étonnement. Je me sens glacé par une horreur héroïque, car je commence à deviner. Ils avancent en une longue file qui ondule dans les ornières profondes. Ils sont plus de trois mille. La horde roule comme un torrent de limon, agité de remous ; bientôt son flot submerge notre auto, calée par ce flux de boue qui marche. Je suis pris d'une émotion indicible, la plus forte émotion de ma vie. Les voilà ! Les voilà ! C'est la relève des tranchées ! Ce sont les soldats qui viennent de passer dix jours et dix nuits dans les tranchées de Beauséjour. Ah ! quel spectacle ! Rien, vous m'entendez bien, rien, ni les dessins, ni les photos, ni les descriptions, ne peut donner une idée de cette terrifiante et sublime réalité. Quelle épopée ! Les sanglots me suffoquent ; je voudrais les acclamer, ces braves gens mais les mots s'étranglent dans ma gorge.

Comment vous les dépeindre ? Vous vous rappelez les objets recouverts d'une couche pierreuse que nos parents rapportaient autrefois d'une visite aux sources pétrifiantes d'Allyre ? Eh bien, c'est exactement cela.

Leurs képis sont des mottes de terre, leurs passe-montagnes en tricot des cottes de mailles, leurs fusils des pioches de terrassiers, leurs sacs des blocs de mortier comme en portent sur leurs épaules les maçons. Les couvertures rou-

lées en bandoulière font penser aux vieux
pneus terreux abandonnés le long des routes.
Toutes les saillies de leur équipement: épau-
lettes, boutons, ceinturons, bidons, musettes,
cartouchières, sont mastiquées de glaise. De
leurs barbes, de leurs moustaches pendent des
stalactites, et, sous leur cagoule de boue, luisent des regards de loup. Un pieu dans leur
main gantée de fange, à la façon des hommes
primitifs, ils marchent héroïquement tout d'une
pièce dans leur carapace, faisant jaillir dédai-
gneusement sur ces civils qui les regardent passer la boue gâchée par leurs pieds lourdement
bottés de terre, et des écailles tombent de leurs
capotes à chaque enjambée.

Sous leur enduit, ils ont tous le nouvel uniforme bleu horizon, mais verdi par l'usure.
Cette teinte verdâtre, qui apparaît par place
sur leur poitrine, à travers les craquelures de la
tourbe, me donne l'illusion qu'ils portent ces
cuirasses oxydées, rongées de vert-de-gris,
dont sont revêtus les chefs gaulois que les
archéologues exhument des sépulcres sous les
murs de l'antique Alésia.

Ah ! si ces soldats, tels qu'ils sortent des tranchées de Champagne, revêtus de cette terre de
France qu'ils défendent héroïquement, pouvaient défiler, un glorieux jour de printemps,
sur les Champs-Élysées, quel délire ! On baise-
rait la trace de leurs pieds boueux. On croirait
voir passer, descendus de l'Arc de Triomphe,
les régiments de pierre de la Grande Armée, et
voler au-dessus de ces légions de statues en
marche l'immortelle *Marseillaise* de Rude.

II

LE SAC DE GERBÉVILLER

II

LE SAC DE GERBÉVILLER
RACONTÉ PAR LA SŒUR JULIE

QUAND on approche de l'informe amas de pierres écroulées et de débris qui fut la jolie ville de Gerbéviller, la première impression qu'on éprouve, c'est la stupéfaction. On ne peut comprendre comment les Allemands ont pu réaliser un tel écrasement en quelques heures. Cela paraît monstrueux et inexplicable, c'est un prodige de destruction. Sans doute les pluies de l'hiver ont lavé les traces de fumée, car ce chaos ressemble bien plus aux effets d'un tremblement de terre qu'à ceux d'un incendie. Cependant Gerbéviller a été systématiquement incendié.

A ce premier étonnement succède vite la rage contre ces bandits. Il faudrait conserver et classer Gerbéviller comme un témoignage

de la barbarie teutonne. Il s'est passé là des
scènes de pillage, de massacre, de viol inracon-
tables. Nous avons vu, dans ce qui reste d'un
jardin, la tombe d'une femme de soixante-quinze
ans qui a été tuée là par un soldat allemand,
puis violée morte. Dix vieillards ont été fu-
sillés dans des conditions abominables. Pour les
empêcher de fuir, ces brutes les avaient entra-
vés en déboutonnant leur culotte. On a retrouvé
leurs cadavres dans des postures ignobles.

Après avoir parcouru ces lieux de désolation
et visité les ruines du château de Lambertye et
de l'église, notre premier soin a été d'aller voir
la sœur Julie.

La sœur Julie, de l'ordre de Saint-Charles, de
Nancy, tient à Gerbéviller, avec une petite communauté, un hospice de vieillards et d'infirmes.
C'est une des rares maisons qui aient été res-
pectées par les Allemands. Quelques enfants
qui jouent parmi les ruines nous y conduisent
à travers les décombres. Nous entrons dans
un humble petit parloir où la sœur Julie nous
accueille avec modestie. C'est une femme de
soixante ans, un peu forte, à la figure douce et

cependant ferme, où s'allient la bonté et la finesse. Elle ne porte pas la croix de la Légion d'honneur qu'elle a si hautement méritée, mais seulement une médaille de la Vierge.

Cette vaillante femme paraît tout intimidée et confuse de voir tant de monde réuni autour d'elle. Elle parle d'abord de façon hésitante et un peu embarrassée, cherchant ses mots et baissant les yeux devant cet auditoire où brillent quelques uniformes, devant ce groupe de journalistes attentifs qui, un crayon à la main, guettent ses pa-roles. Mais, peu à peu, elle se fa-miliarise, elle s'é-chauffe, et je vais essayer, en em-ployant ses ex-pressions mêmes, de retracer ici le récit tragique qu'elle nous fit.

« Messieurs, voici ce qui s'est passé : le 21 août, les Allemands, après les furieux assauts de la ferme de Léomont et du village de Frescaty, entrèrent à Lunéville. Le 23, les troupes françaises, descendant de Sarrebourg, se repliaient en combattant vers Gerbéviller. La bataille dans cette région fut terrible, et vous en avez vu les traces en passant aux bourgs d'Amans et de Crévic, où fut brûlée la maison du général Lyautey. Les blessés français furent évacués sur Gerbéviller. Plus de trois mille en deux jours ont passé dans notre hospice. C'était des scènes bien pénibles. A mesure qu'on en amenait de nouveaux à pleines charrettes, on transportait les autres vers Roselieur. On les entassait partout où l'on pouvait : dans les couloirs, dans le réfectoire, dans toutes les salles de notre petite maison. Nous les pansions à la hâte, comme nous pouvions, et nous avons gardé dans l'infirmerie les plus gravement atteints. Ah ! les pauvres enfants ! Ils étaient encore tout vibrants du combat et pleins de courage, mais on voyait bien à leurs figures tristes que les choses n'allaient pas bien pour nous. Cela se passait dans la journée du 23. Mais le 24, à 7 heures du matin, voici les obus allemands qui pleuvent sur la ville. Les troupes françaises continuaient à se replier sur Roselieur. Seuls, restèrent, pour défendre Gerbéviller et protéger la retraite, soixante chasseurs de Lunéville. Ah ! les braves enfants ! (quelle tendresse, quelle pitié maternelles met dans ces mots la bonne sœur Julie !) Ils avaient barricadé le pont de la Meurthe, que vous avez vu là, plus haut, et ils ont tenu en échec deux régiments de Bavarois, de 8 h. 15 à 4 heures de l'après-midi. Ils ne se sont décidés à abandonner le pont qu'après avoir tiré leurs dernières cartouches. Je les vois encore. Ils étaient là, accroupis ou couchés à plat ventre, derrière leurs petites barricades. Ah ! ils ont été bien braves et bien habiles aussi, je vous assure ! Après avoir tiré leurs derniers coups de fusil, ils se sont laissés rouler par terre derrière les petits murs des jardins, et ils ont

pu ainsi, en roulant sur eux-mêmes, gagner la
route de Roselieur.

» Pendant ce combat, les Bavarois, de l'autre
côté du pont, commençaient à mettre le feu
dans toutes les maisons, et dès que le pont a
été libre ils ont fait leur entrée triomphale en
chantant et précédés de leurs fanfares, avec
toutes ces flammes derrière eux.

» Ils arrivent devant l'Hôtel de ville. Tous les
habitants sont cachés dans les caves. Mes sœurs
et moi nous sortons devant notre porte. Tout
de suite, voici un officier qui fonce sur nous à
cheval, suivi de quatre soldats. Il a l'air furieux. Il nous parle durement en allemand. Je
lui dis : « Monsieur, nous sommes des Françaises,
nous ne savons pas parler allemand. » Alors,
il reprend en excellent français, mais toujours
très durement (et sœur Julie, d'une façon très
pittoresque, imite admirablement l'accent tu-
desque) : « Vous avez dans votre maison des
soldats français cachés avec des armes. — Non,
monsieur, nous avons des soldats français,
mais ils sont gravement blessés ; entrez, et vous

les verrez. » Il descend alors de son cheval et, toujours suivi de ses soldats, revolver au poing, lui-même tenant une petite baïonnette, une espèce de poignard, il pénètre dans l'hospice et je le conduis à l'infirmerie. Arrivé au premier lit, il jette brutalement les couvertures par terre et découvre un pauvre blessé qui agonisait. Ses jambes étaient entourées d'ouate et le lit était plein de sang. Il lui dit avec des injures affreu-

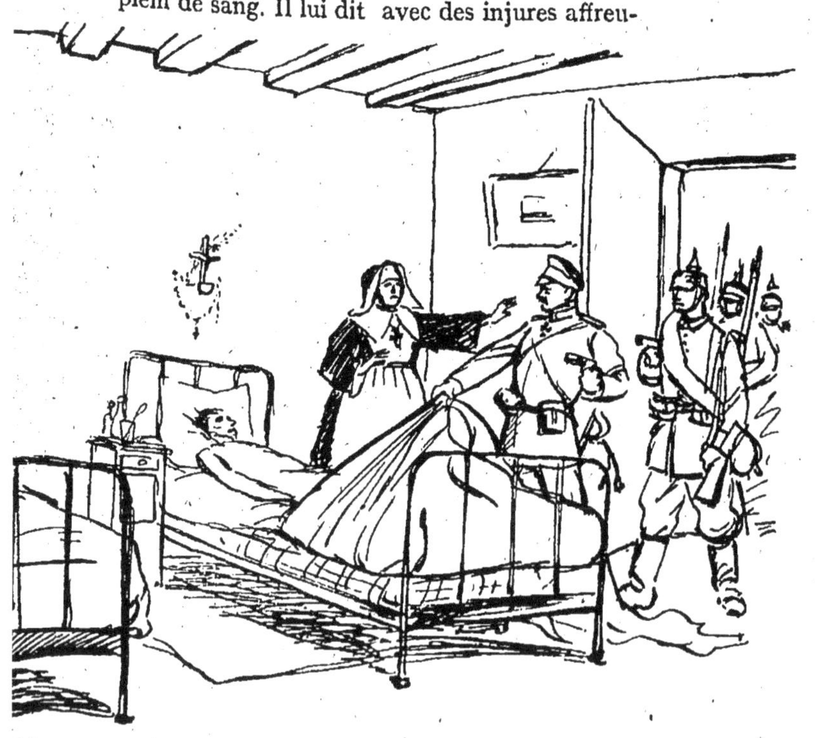

ses, en français : « Les vôtres ont crevé les yeux de nos blessés à nous. » Notre pauvre petit moribond tourne vers lui ses yeux presque éteints et ne répond pas. Alors, fou de rage, il lui met son poignard tout près de la gorge. Je crois qu'il va le tuer. Vous comprenez, messieurs, je devenais très surexcitée. Je me jette devant lui ; je crie à ce misérable : « Ici, c'est la maison du bon Dieu ! On ne fait de mal à personne ! » Il se calme un peu, et continue à inspecter partout, dans le réfectoire, jusque dans l'éplucherie.

» A chaque lit, il arrache violemment les couvertures, toujours escorté de ses soldats armés. Enfin, il dit : « Madame, nous ne sommes pas des barbares, mais ce sont des civils qui ont tiré sur nous tout à l'heure. » Je lui réponds : « Non, monsieur, ce ne sont pas des civils, ce sont les soldats en défendant le pont. Si vous mettez chez nous vos blessés, ils nous seront sacrés, nous les soignerons comme les nôtres, mais promettez-moi d'arrêter ces incendies. » Alors, il dit un « oui » de complaisance, et il part. Vous pensez que je n'étais pas bien riche avec la promesse de ce monsieur, et j'étais bien inquiète.

» Les Bavarois s'étaient rués partout dans la ville ; ils tiraient au hasard, par les fenêtres et par les soupiraux des caves, des coups de fusil sur toutes les personnes qu'ils apercevaient. Ils pillaient tout, enfonçant les portes à coups de crosse. Les rues étaient jonchées de bouteilles et de barriques dont ils buvaient le contenu en poussant des hurlements épouvantables et faisant un bruit du dia... (la bonne sœur se reprend, et ajoute d'une voix douce : un bruit terrible). Tout à coup, je m'aperçois qu'ils jetaient dans toutes les maisons, par les fenêtres, une espèce de filasse enflammée qui faisait en brûlant un bruit de fusée. Bientôt la ville entière brûlait. Il était onze heures du soir. Cet incendie dégageait une chaleur insoutenable ; les débris enflammés tombaient partout dans les rues, et la chair grillée des animaux surpris dans les étables répandait une odeur infecte. C'était vraiment une vision d'enfer.

» Les Allemands avaient pris quarante et

un otages, à qui ils infligèrent des traitements ignobles. On leur fit planter les pieux qui devaient servir à les attacher pendant l'exécution. On les laissa plusieurs jours dans cette terrible incertitude, pendant que les soldats les insultaient et leur disaient : « Français, capout ! » Parmi eux, le curé fut jeté à terre et couvert de boue.

» Le major allemand prit quatre des otages qui demeuraient dans le voisinage de notre hospice et leur demanda stupidement si les vieillards et les infirmes hospitalisés par nous avaient été mis là pour tirer sur les soldats prussiens.

» On fit une enquête, on vérifia la direction des coups de feu d'après la position des officiers qui, paraît-il, avaient été tués, et nous n'eûmes pas de peine à prouver que le tir provenait du pont où les chasseurs avaient organisé la résistance et non des fenêtres de l'hospice. Il y eut discussion.

» Bref, l'officier obligea les quatre otages à signer une déclaration conforme aux résultats de l'enquête et qui justifiât pour ses chefs que l'hospice n'eût pas été brûlé.

» C'est par cette procédure, où apparaît toute la cruauté méthodique des Allemands, que notre maison fut préservée de l'incendie, et nos pauvres blessés sauvés d'une mort affreuse. »

La sœur Julie voulut bien encore nous raconter des épisodes tragiques qu'il serait intéressant de relater.

Je n'en veux retenir qu'un, qui me semble particulièrement saisissant :

» Quelques jours après, les Allemands se faisaient battre à Roselieur, et le ...ᵉ de ligne entrait à Gerbéviller.

» Le bombardement reprenait alors, plus furieux. On avait laissé à la communauté un prêtre-soldat qui disait la messe dans la chapelle de l'hospice....

» Un matin, pendant l'office, les sœurs étaient à la sainte table, attendant la communion ; le prêtre tenait entre ses mains le ciboire, lorsqu'une énorme marmite allemande tomba brusquement sur un des côtés de la petite chapelle....

» Tous les vitraux éclatèrent, jonchant le chœur de débris de verre.

» Le prêtre resta impassible et, recueillies, tranquilles, les sœurs reçurent l'hostie de sa main. »

III

SUR LE FRONT
DU NORD. . . .

III

SUR LE FRONT DU NORD

Le Départ

LA première préoccupation du civil qui part pour le front, c'est la question de l'équipement. Quelle est, en effet, la parfaite tenue du civil en campagne ? Quel est le vrai, quel est le faux chic ? Question qui a bien son importance, puisqu'elle a été débattue en haut lieu et résolue, par l'adoption d'un uniforme inédit autant qu'ingénieux, panaché quoique sans panache et symbolisant, avec le bonheur que l'on sait, l'union sacrée entre le pouvoir civil et l'armée. — Casquette plate, dolman pincé à collet droit, culotte collante, molle-

tières vernies. Tenue désormais entrée dans l'Histoire.

Me camoufler en grognard comme mon grand camarade Forain ? M'habiller en alpin comme Scott, en colonel belge comme Flameng ou en général serbe comme Guirand Mucius de Scévola (1) ? Je reste perplexe.... Il y a encore Adolphe Brisson en garde national, et mon frère latin, le grand peintre de bataille Boldini, qui essaye, paraît-il, en ce moment un sensationnel uniforme de bersaglier et va partir pour l'Isonzo. — Non, j'ai trop le physique de l'*inapte*, et je n'ose prétendre à tant de galons et tant d'honneur. J'endosse tout bonnement un costume de chasse.... Je n'ai jamais chassé de ma vie, bien entendu ; mais comme tout bon Français qui se respecte, j'ai un costume de chasse. Avec mon accent du Midi, cela tartarine un brin. Mais zou ! Ça fera rire les poilus... et c'est bien le moins que puisse faire pour ces braves un pékin qui va au front.

(1) On saura après la guerre quel rôle utile et dangereux ont joué les peintures pendant la guerre.

SEM

Adolphe Brisson

SEM Boldini.

La Route

L'AUTO militaire qui va m'emporter vers le Nord est une puissante torpédo badigeonnée en gris canon, couverte d'une noble poussière, patinée et amochée à souhait, l'aspect *très guerre*, avec sa carabine fixée à côté des chauffeurs. — On démarre en vitesse sous les yeux attendris de mon concierge.

La banlieue franchie, nous filons à cent à l'heure, d'un train à me retrousser les paupières. Je trouve que, vraiment, ces militaires vont un peu vite. Mais il faut bien se familiariser avec le danger, n'est-ce pas ? et je ren-

fonce ma prudence. — Cette course rapide me
fait d'ailleurs du bien. Le vrombissement du
moteur, puissant et régulier, me communique
son énergie. C'est comme un massage : cela
me réconforte. — Oh ! s'évader de cette atmosphère stagnante de l'arrière, échapper à
cette angoissante inertie de cauchemar où se
débat le pauvre civil neurasthénique ! — Aller vite, vite vers les réalités, vers l'action !
Je me sens l'âme nettoyée par cet air vif et
allègre, où il me semble entendre claquer des

drapeaux ! Mes idées noires tourbillonnent, envolées au vent de la course... et ma casquette avec ! Il faut stopper. — Un brave territorial, qui dormait sous le pont qu'il garde héroïquement, me la rapporte, essoufflé.

« Merci, mon brave. »

Je profite de l'incident pour insinuer aux bouillants militaires qui me conduisent d'aller peut-être un peu moins vite. Que diable ! La route est belle, il fait un temps exquis, les gerbes de blé jalonnent à l'infini les champs paisibles ; des clochers, pas démolis du tout, pointent dans les verdures, et le ciel bleu Joffre est rayonnant d'espoir.

Tout de même, malgré ce beau temps, on ressent une sorte d'oppression, un je ne sais quoi dans l'air qui étonne et inquiète. C'est que nous entrons dans la zone de guerre, la consigne est sévère, et l'on ne passe pas facilement. La route est déserte, vide, vide à l'infini. A la longue, cette solitude épouvante vaguement. Quelques rares autos militaires passent en trombe dans un tourbillon de poussière. De loin en loin un territorial barbu, qui a l'air d'un brigand, se dresse isolé sur la chaussée et barre le chemin en faisant avec son fusil de grands gestes impérieux.

Mais peu à peu la route s'anime, nous approchons des régions qui avoisinent le front : le continuel défilé des convois de ravitaillement va commencer. Je me souviens combien cet hiver, à mon voyage vers les champs de bataille de Champagne, j'avais été péniblement impressionné par l'aspect farouche de ces chariots de nomades, couverts de bâches maculées et déjetées, aux roues embourbées, traînés par des chevaux de bohémiens. Quel changement ! Ce sont maintenant de superbes camions aux toiles bien tendues, bien arrimées, tous pareils, flambants neufs, qui se suivent interminablement sur la route. — Ah ! tiens ! Comment ! Ils roulent encore, ces pauvres vieux ! Voici venir en longue file, à la suite de cette jeune et brillante classe de véhicules, ces braves autobus parisiens, engagés de la première heure, qui ont vu la victoire de la Marne et ont fait vail-

lamment toute la rude campagne d'hiver. Ah !
ils tiennent bon, les Parigots ! Ils ont été tellement badigeonnés et rebadigeonnés en gris que,
sous cette épaisse couche de céruse, sous cette

terrible patine de guerre, il est impossible de
deviner leur ancienne tenue de pékins. Ils sont
méconnaissables ; on dirait qu'eux aussi ils

ont laissé pousser leur barbe. — Ils sont bondés, pour le moment, de fantassins aux capotes déteintes, qui vont au front et n'ont pas l'air de s'en émouvoir, car, penchés aux fenêtres sans vitres, avec des gestes exubérants, ils chantent à tue-tête :

> Si tu veux faire mon bonheur,
> Marguerite, Marguerite,
> Si tu veux faire mon bonheur,
> Marguerite, donne-moi ton cœur !

« Oh ! je vous en prie, mademoiselle Marguerite, ne leur refusez pas votre cœur, ça sera si gentil de votre part ! »

La vieille carcasse disloquée du brave autobus vibre de toutes ses fibres à ce refrain bien parisien. Je lance à la volée une boîte de cigares à cent mains qui se tendent, et le cortège bleuâtre disparaît, suivi de toute la poussière de la route qui lui fait escorte.

J'espère bien qu'après la guerre on n'aura pas le cœur de les abattre, ces pauvres vieux autobus. Il faut qu'on les fasse défiler, au grand jour du retour, sous l'Arc de triomphe, avec les

troupes victorieuses, et qu'on réserve au plus amoché d'entre eux une place d'honneur dans la cour des Invalidés.

Brusquement le décor change. Nous traversons un secteur occupé par messieurs les Anglais, qui tiennent dans ces parages une partie du front.

On dirait qu'un morceau d'Angleterre

a été ajouté là par enchantement

Le paysage prend subitement l'accent anglais. Les arbres qui bordent la route mieux ratissée deviennent raides et mieux ali_nés, l'herbe est métamorphosée en un gazon frais tondu, les petites boutiques du village, la poste, proprettes et lavées, ont la netteté anglaise ; l'église elle-même prend un petit air protestant.

Positivement on jurerait que ces messieurs ont apporté là, avec leur confiture d'orange et leur whisky, ces arbres, ce gazon, ces boutiques dans leurs magnifiques fourgons, si neufs, si astiqués, qu'ils semblent sortir de l'exposition de l'Automobile Club. — C'est tout juste si les pneus ne sont pas passés au blanc d'Espagne. Les soldats, superbes, tous pareils, kaki de la casquette aux bottes, jusqu'à leur canne, jusqu'à leur pipe, sont aussi neufs, aussi astiqués que leur splendide matériel. — Il y a là, sur un des bas côtés de la route, un groupe de ces soldats, armés de

marteaux à manche d'acajou, en train d'édi-
fier des baraquements, que dis-je ? des cotta-
ges, pour un parc d'aviation. C'est du provi-
soire séireux et confortable, je vous assure ! Il
faut voir leur camion-atelier ! Tout un côté se
rabat, et, dans la pénombre, on voit luire un
arsénal d'outils étincelants ; tout cela rangé,
verni, nickelé, comme un néces-
saire de voyage. Quelques officiers,
secs et fins comme des havanes,
rasés au sang, les cheveux laqués,
le torse bardé de buffleteries d'un
rouge sombre et lustré de mar-
ron d'Inde, surveillent, impassibles, le stick sous le bras.

Mais l'Angleterre est déjà loin
et nous revoici en France. Nous
sommes près du front, car le
charroi devient énorme. Les fourgons de ravitaillement, les gigan-
tesques charrettes de paille, qui
oscillent, les caissons retentis-
sants avec leur fracas métallique, lourds d'obus, les voi-

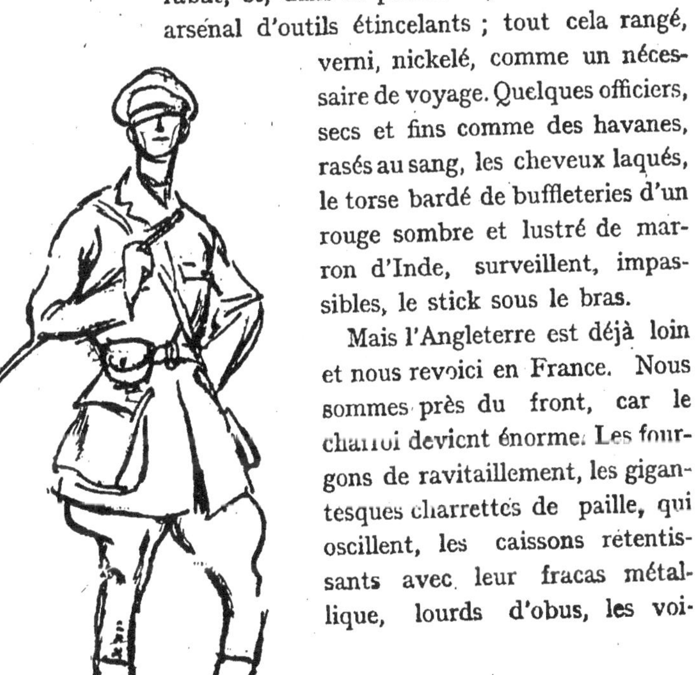

tures d'ambulance légères et attentives, les autos-mitrailleuses sans visage, comme masquées d'une cagoule, les motocyclettes trépi-

dantes, tous ces innombrables véhicules se suivent sans intervalle, mêlant leur poussière et leur bruit.

Précisément nous longeons la voie du chemin de fer, où des trains interminables passent, passent, emportant encore du matériel, et des caissons, et des canons et des milliers de roues de rechange.

Il y en a tant de ces roues alignées, enchevêtrées sur les plates-formes, se découpant en ombres chinoises sur le ciel, que les trains me semblent glisser à l'envers, les roues en l'air.

Ah ! décidément, la tête me tourne...

Je suis halluciné par ce roulement incessant de chariots et de trains vers ces monstrueux chantiers de destruction que sont devenus les champs de bataille.

Quel trafic !

Quel turbin !

Et c'est tous les jours comme cela, et partout à la fois !

C'est effarant... mais ça donne une fière confiance !

IV
POILUVILLE

IV

POILUVILLE

ENFIN nous arrivons à X... où est installé l'État-Major et où sont cantonnées les troupes de réserve. Là nous devons nous arrêter pour faire viser nos papiers et renouveler notre provision d'essence.

X... est une paisible petite ville sur laquelle s'est abattu un énorme essaim de poilus qui la couvre de son grouillement bleuâtre. Si vous voulez avoir une idée de ce singulier phénomène, achetez au *Paradis des Enfants* une bonne provision de soldats de plomb et, en plus, une boîte de bergeries : vous savez bien ? ces maisonnette en bois peinturluré ; groupez toutes ces petites constructions sur une table et versez là-dessus, à pleines poignées, toute votre provision de petits soldats, jusqu'à ce que les maisonnette

disparaissent presque sous cette avalanche de tourlourous. Cela vous représentera assez bien l'aspect d'une petite ville de l'arrière occupée par les troupes au repos.

L'élément civil est totalement absorbé par l'élément militaire. Quelques vagues pékins se faufilent par-ci par-là, mais ils sont noyés dans la foule des poilus. On ne voit que des poilus, des poilus bleuâtres, des poilus grisâtres, des poilus verdâtres, des poilus déteints. Ils vont, viennent, entrent et sortent des maisons, vaquent à leurs petites affaires, inondant les ruelles de leur flot décoloré. Il y en a qui font en plein vent des cuisines de bohémiens, fourbissent leur fusil, lavent leur linge, leur figure ou leurs pieds ; d'autres jouent au bouchon ou aux cartes, ou bien écrivent des lettres. A toutes les fenêtres, des groupes de poilus rigoleurs ; devant toutes les portes encore des poilus qui flânent en bretelles, avec des chaussons ou des sabots, très à leur aise dans leurs capotes ouvertes, amples comme des robes de chambre. On n'avait pas encore vu cela, une ville entière uniquement peuplée de soldats.

C'est un décor nouveau créé par cette guerre extraordinaire. — C'est Poiluville. — On a l'impression qu'il doit y avoir un maire poilu, un curé poilu, un notaire poilu, des pompiers poilus. — Par exemple, il n'y a pas de dames « poilus ». C'est une ville d'hommes. Le mot poilu n'a pas de féminin. C'est dommage, car c'est une crâne race !

Je regarde curieusement tout ce va-et-vient si pittoresque. Les petites boutiques avec leurs modestes étalages poussiéreux, la quincaillerie, l'épicerie, la mercerie, le coiffeur, la petite poste, le

petit café du Commerce, le petit Hôtel du Cheval Blanc, tout est envahi, pris d'assaut.

— Oh! le pauvre petit bureau de tabac, grand comme un placard, avec ses petites balances en corne, ses quatre pipes Job à l'étalage et sa buraliste qui s'agite affolée, le bonnet de travers, ne sachant à qui répondre au milieu de cinquante poilus, débordant de jovialité, qui se disputent quinze malheureux cigares d'un sou et douze cartes postales couvertes de chiures de mouches !!!

Et la pâtisserie donc, entièrement dévorée, bâfrée, raclée jusqu'aux miettes attachées au papier où furent collés les derniers macarons et que lèchent à pleines moustaches deux débrouillards réjouis.

Quelle fortune pour ces petits commerçants !

C'est comme si c'était tous les jours jour de marché, une continuelle foire militaire, et quelle foire !

Seulement au lieu des blouses bleues des paysans ce sont les capotes qui fourmillent ; et sur la placette, où, à l'ordinaire, étaient alignés, les brancards en l'air, les cabriolets et

les tapeculs campagnards, il y a une quadruple
rangée d'autos militaires, blanches de poussière, que contemplent, les yeux ronds, un
groupe de morveux ahuris ; pendant que le
torrent des camions emplit la rue principale
de son vacarme...

Et, dans les moments d'accalmie, de vagues
bouffées de canons lointains promenées par le
vent....

Les Boches

Je suis là devant la mairie, où sont installés les bureaux de l'État-Major, attendant que mon sauf-conduit soit visé, quand j'entends venir vers moi un bruit de pas métalliques, qui martèlent le sol avec une cadence tout à fait brutale et singulière. «Tiens, me dis-je, voilà une manière de marcher qui n'est pas de chez nous. »

En effet, c'est une escouade de prisonniers de ceux qui ont été capturés à Carency. On le emploie au nettoyage de la ville, et ils vont, encadrés de militaires, à une corvée de balayage. Ils passent raides, automatiques, le balai au port d'arme, faisant sonner leurs lourdes bottes à talon de cuivre et lançant furieusement leur jambe en avant comme pour se donner mutuellement de grands coups de pied au c...

C'est la première fois qu'il m'est donné de voir exécuter (j'allais dire danser !) ce fameux pas de l'oie qui est vraiment une stupéfiante chorégraphie !

A l'entrée de ce corps de balais, je ne puis m'empêcher de pouffer de rire. Ces gens sérieux, à lunettes et à pince-nez, gardant des figures impassibles, pendant que leurs jambes, absolument indépendantes de leur physionomie, se livrent, comme à leur insu, à cette frénétique « très moutarde », n'ont aucun sens du ridicule. C'est à la fois bouffon et sinistre. J'éprouve cette sorte de malaise que l'on ressent devant la mimique incohérente des fous.

Si l'on pouvait transposer cette scène et imaginer ces mêmes messieurs allemands en redingote et en chapeau haut de forme, exécutant, avec cette même morgue et ce même sérieux imperturbable, ces folles gambades, cela atteindrait l'extrême limite du comique.

C'est bien là l'allure arrogante et grotesque, caractéristique de cette race qui veut avoir le pas sur tout le monde.

Et c'est ce pas-là que Guillaume voudrait imposer à toute l'Europe ! Je parie bien que jamais on n'obtiendra d'un Français qu'il marche ainsi six secondes sans qu'il éclate de rire. Un abîme nous sépare de ces gens-là.

Je veux essayer de noter sur mon carnet en quelques traits ces lancements de jambe, et je me colle au cortège, emboîtant le pas, mon crayon à la main.

Moi, vous savez, quand je veux ardemment saisir un type qui passe et va m'échapper, je me laisse absorber totalement par mon croquis et je m'identifie tellement à mon modèle qu'inconsciemment j'arrive à

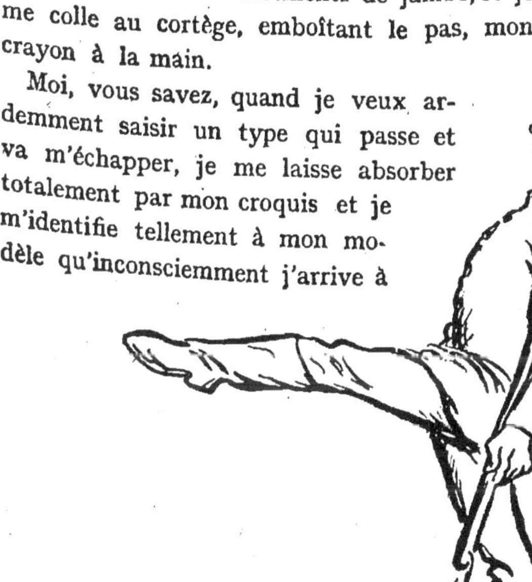

mimer tous ses mouvements : c'est réflexe. Et voilà que, sans m'en douter, tout en suivant l'escouade à petite distance, les yeux sur mon

carnet, je me mets instinctivement et progressivement à lancer moi aussi la jambe à la hauteur de mon œil.

Zut ! j'ai perdu mon pari…. Voici cinq minutes
que je fais l'oie, et sans rire ! Rien qu'à vous le
raconter je me sens encore rougir. Heureusement
les éclats de rire des poilus qui me regardent
faire, m'avertissent à temps et me rappellent à
la réalité et à la décence.

Maintenant les prisonniers ont fait halte et
je puis les observer à loisir. Je les regarde avec
une sorte d'horreur avide, comme si je n'avais
jamais vu de ma vie un seul Allemand. Leur
vieux dieu sait pourtant s'ils pullulaient à Paris,
et partout, et à Monte-Carlo donc, où on
marchait littéralement dessus. Mais alors ce
n'était que des Allemands, gens communs,
lourds, encombrants, simplement odieux. Ceux-
là ce sont les Boches — les Boches qui brûlent, massacrent, violent ; terribles êtres invisi-
bles qui rampent sous terre comme les bêtes
puantes, rôdent entre deux eaux comme les
squales, volent la nuit sur les villes endormies
comme les vampires.

Ils ne me font pas l'effet d'être des hommes comme nous. Je vois en eux des êtres à part, des elfes descendus sur la terre de je ne sais quelle planète maudite, d'une forme bizarre, allongée comme un colossal parallélépipède, d'étranges Martiens armés d'engins inconnus, soufflant des vapeurs empoisonnées, laissant tomber du haut du firmament des aérolithes qui tuent les hommes.

Mais ne nous frappons pas, et n'allons pas chercher si haut. J'aime mieux vous avouer que je les regarde plutôt avec cette curiosité mal, saine qui pousse les foules, au sortir de la cour d'assises, sur le passage des criminels famcux les Soleilland, les Troppmann, les Raymond la

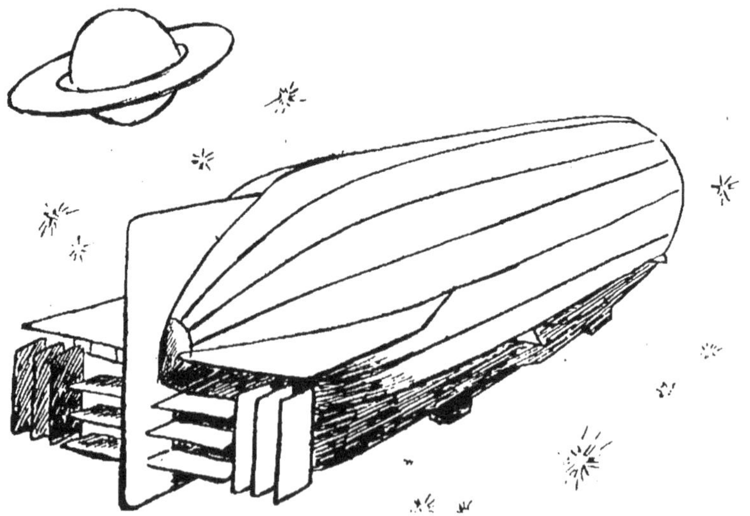

Science... je les examine un à un, attiré et re-
poussé à la fois.... Tiens ! celui-ci qui a une tête
de herr professor à lorgnon, il a peut-être tué

des enfants ; celui-là avec sa face prognate
de Visigoth, il a peut-être brûlé des femmes
vives ; cet autre a forcé des coffres-forts....
En costume civil, avec des jaquettes, des
melons, des bottines vernies, je ne pourrais les
croire capables de pareilles horreurs ; mais là,

déchus, gardés par des soldats, avec leurs mauvais calots numérotés sur leurs têtes rasées, leurs camisoles décolorées, tous les stigmates de leurs faces de bandits apparaissent ; on les prendrait pour des forçats, et on cherche le boulet.

Ils sont presque tous jeunes, vigoureux, plutôt gras, avec des figures falotes, huileuses, couvertes d'un duvet blondasse, comme d'une moisissure. Leurs souquenilles d'un drap venimeux, espèce de papier tue-mouche, verni de crasse, leurs bottes, leur peau, tout est du même ton pisseux, comme mariné dans l'urine, d'un affreux gris punaise qui donne la nausée.

Certes il y a des Français vilains, j'en sais quelque chose. Mais jamais notre laideur n'atteint le degré de hideur hostile qu'ont quelques-uns de ces prisonniers. Je m'étais toujours demandé où les dessinateurs, remarquables d'ailleurs, du *Simplicissimus* et du *Jugend* Thony, Gulbranson, Heine, trouvaient les types qui pouvaient leur inspirer

ces déconcertantes caricatures qui font peur et rire à la fois. — Maintenant j'ai compris. Ces gens ont une laideur indéchiffrable pour nous, une laideur de Huns, qui montre combien leur origine est loin de la nôtre.

Soyons juste ; certains ont d'assez belles têtes et une fière attitude ; mais même chez ceux-là on découvre, dans la physionomie quelque chose qui est profondément antipathique. Il y a dans la forme carrée du crâne, dans l'écartement des oreilles, dans la fausseté du regard, dans l'ensemble des traits, un je ne sais quoi

qu'on exprime couramment par cette locution populaire : Tête de Boche. Pas un n'a la franche figure de nos poilus. A la pensée que ces affreux bougres auraient pu salir notre beau Paris, venir déposer en longues guirlandes, leurs ordures sur les quais de la Seine, sous les fenêtres du Louvre, on est soulevé de dégoût et de rage.

Ils dégagent un insoutenable relent d'hyènes en cage, et je me fais l'effet de contempler des bêtes féroces dans une ménagerie. Pour l'instant ce sont des Boches apprivoisés et ils balaient consciencieusement la rue. Mais au lieu d'éviter les tas de boue qu'ils rassemblent avec leurs balais dans le ruisseau, on dirait qu'ils

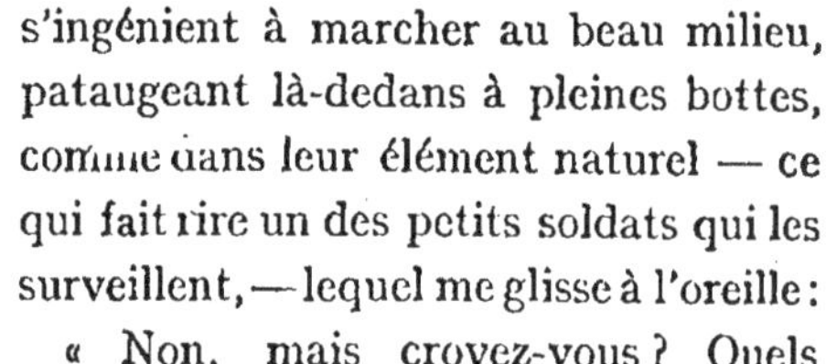

s'ingénient à marcher au beau milieu, pataugeant là-dedans à pleines bottes, comme dans leur élément naturel — ce qui fait rire un des petits soldats qui les surveillent, — lequel me glisse à l'oreille :

« Non, mais croyez-vous ? Quels salauds ! »

Mais assez de Boches. — Repartons vite. Je n'ai que le temps d'arriver au front avant la nuit.

V

LE MOULIN DE L'ESPION

V

LE MOULIN DE L'ESPION

JE me suis attardé à X... pour croquer ces prisonniers allemands, et l'obscurité nous surprend sur la route au milieu de l'encombrement du charroi, qui devient de plus en plus intense à mesure que nous approchons du front.

Ce n'est pas commode de se frayer un chemin à travers cet enchevêtrement de véhicules qui se suivent à tout-touche. Nous sommes obligés de prendre la file et nous n'avançons que lentement, avec mille difficultés, dans tout ce noir mouvant.

La nuit est sans lune ; et toujours, au lointain, ces canons qui grondent, lugubres.

A tout bout de champ, des sentinelles jaillissent de l'ombre épaisse et nous barrent la route en criant : « Qui vive ! » — Il faut montrer les papiers qu'on déchiffre à la lueur des lanternes, et puis dire le mot de passe ! Cela se chuchote à l'oreille, en grand mystère, comme un secret. — Jamais nous n'arriverons à temps au poste de commandement !

Je suis étourdi par tout le grand air absorbé dans la course rapide de cette journée, et je rêve à moitié. Dans les cauchemars du sommeil, on a passé quelquefois par de tels embarras insolubles, on a connu de ces fouillis indébrouillables au milieu des ténèbres croissantes. — Les soldats conducteurs de ces énormes camions, qui bousculent et surplombent mon auto de toute leur hauteur, disparaissent sous les bâches où ils s'abritent, et l'on dirait une procession de fourgons fantômes roulant tout seuls dans la nuit.

A mesure que nous avançons, le grondement des canons augmente, devient de plus en plus formidable ; nous approchons des lignes de feu. Les détonations éclatent et roulent, comme des coups de tonnerre, en échos qui se répercutent à l'infini. — L'impression d'orage est tellement intense que je me sens réellement comme accablé par une atmosphère lourde, énervante, saturée d'électricité, sentant la foudre et le soufre. — Pure imagination, car il fait beau temps. Pour compléter l'illusion, par intervalles, de grands éclairs livides sillonnent le ciel tragique vers le nord. Ce sont les projecteurs allemands, sans doute.

Enfin voici quelques lumières, des maisons basses, une vague rue... C'est le village de X... Nous n'irons pas plus loin ; il est décidément trop tard pour atteindre le poste de commandement.

Ce village, qui a été évacué par la population civile, est, bien entendu, encombré de troupes au repos, et je me demande où nous allons dîner et trouver un gîte. Heureusement, mon passage a été signalé par téléphone du quartier général (quelle merveilleuse organisation !) et je reçois du groupe d'officiers qui résident dans ce cantonnement la plus affable et la plus cordiale hospitalité. On va me faire préparer une petite chambre et je dînerai ce soir à leur popote. Je suis ravi et j'accepte avec joie.

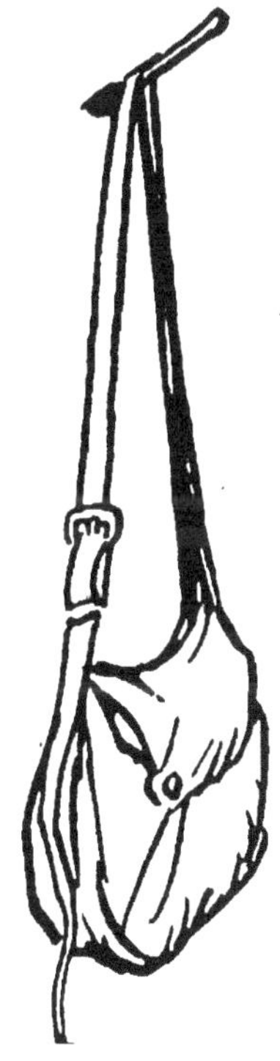

Certes, j'oublierai les brillants et fades soupers à perles et à tziganes offerts autrefois — il y a un siècle ! — par les grands snobs de Tangoville ; mais, toute ma vie, je garderai le souvenir ému et charmé de ce frugal repas, partagé avec ces braves et gentils officiers, dans cette humble salle à manger.

Le couvert est mis sur une table ronde, ovalisée par les rallonges, la table classique des familles, l'honnête table de mon enfance, toute bénie de bénédicités. Deux bonnes vieilles lampes à globes, coiffées d'abat-jour verts ornés de vignettes transparentes, versent leur lumière intime et surannée sur la toile cirée imitant le noyer, où sont rangées, sur chaque assiette, — des assiettes à rébus, — les serviettes soigneusement pliées dans leurs rouleaux respectifs. Des bouquets de fleurs des champs, arrangées avec goût dans d'affreux et attendrissants petits vases de loterie, roses et dorés, mettent leur note gaie et *font cérémonie.* — On dirait que les petits bourgeois bien pensants qui habitaient cette humble maison ont laissé, en l'abandonnant,

leur couvert mis, la soupière fumante. On imagine cette table couronnée d'enfants, avec le
papa et la maman en face l'un de l'autre... et,
en vérité, ce sont bien
de braves enfants, tous
ces jeunes officiers,
malgré leur teint hâlé,
leur barbe et leur
moustache, et papa et
maman sont aussi présents dans leur pensée... Seulement, au
lieu de la fidèle cuisinière Marie, c'est un
terrible poilu, ceint,
pour la circonstance,
d'un pacifique tablier
bleu, qui, dans un excellent style, passe les
plats et verse à boire.

Comme c'est reposant de trouver, au
sortir de ces ténèbres
grondantes et farou

ches, l'atmosphère quiète de ce brave petit
ménage de province ! Et puis tous ces officiers sont si gentils, d'une gaîté si franche, d'un
entrain si juvénile ! — Ils sont cantonnés depuis
tantôt cinq mois, absolument isolés, dans ce
village, où ils viennent, de temps à autre, se
reposer des rudes fatigues du champ de bataille. — Vous pensez si l'on fait fête au
Parisien qui passe ! Et à moi, qui ai l'imagination farcie de tranchées et de boyaux, si l'on
peut dire, on ne parle que de Paris, du *sentier*

de la Vertu, des théâtres, de la dernière revue de Rip... et pas du tout de la guerre ! Alors j'en prends mon parti. Puisque cela leur fait tant plaisir, me voilà sortant mes derniers potins, racontant les anecdotes à succès, révélant la nouvelle série des surnoms en vogue, les ultimes trouvailles, celui de Rostand, de Maurice Barrès, d'André de Fouquières.... — Et l'on me questionne : « Alors, c'est vrai, la jolie mademoiselle F... est mariée ? »

J'obtiens un succès fou en racontant la dernière aventure de Mme C.... On fait un sort à mes moindres boutades. Ah ! le bon public ! Nous bavardons comme sur les planches de Deauville ou au buffet d'Auteuil ; on est à cent lieues du champ de bataille....

Seulement, par intervalles, de sourdes détonations, qui ébranlent la maison entière et font claquer... ploc ! ploc !... les carreaux de papier tendus sur les vitres brisées par un récent bombardement, ponctuent gravement ces légers propos. Chaque fois je salue respectueusement la salve, et crois devoir accuser le coup par une mine plus sérieuse, ma verve

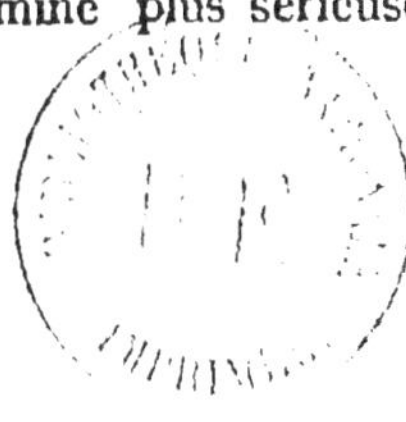

7.

soudainement figée, ma petite histoire cassée net entre les dents. Mais eux, les officiers, n'y font aucune attention, et rient de bon cœur, comme si rien n'était.

Au dessert, le commandant qui préside la popote, porte un petit toast bon enfant au pauvre petit dessinateur que je suis, et au *Jour-nal* que je représente. Et moi, si fier d'être ainsi fêté par ces gentils Français, je réponds quelques mots, tout bêtement émus, en me mordant un peu les joues.

Tout de même, je suis mon idée.... Je suis venu pour voir le champ de bataille.... Ces éclairs, ces détonations m'attirent. Je voudrais bien ne pas attendre à demain matin.... Eh bien ! c'est entendu, si une promenade de deux ou trois kilomètres dans l'obscurité ne me fait pas peur, le lieutenant X... va me conduire jusqu'au *Moulin de l'Espion*. Eh ! je vais être content ! Est-ce assez romantique ? Le *Moulin de l'Espion* ! Quel beau titre pour un film ! — De là, il paraît que je vais avoir une vue sensationnelle sur les lignes de feu. Justement ça barde ce soir, ça va être épa-

tant ! Vite, vite, allons ! Ma casquette, ma canne, et nous voici, le lieutenant X... et moi, sur la route, en pleines ténèbres.

Il fait noir au point que je ne puis distinguer ma main. Je suis mon guide à la lueur de son cigare. — Nous n'avons pas fait cinquante pas qu'une sentinelle invisible crie : « Qui vive ! » Vite, il faut dire le mot, et l'on passe.

De temps en temps, des bordées de coups de canon bousculent le silence infini et font trembler la terre... et puis brusques, rapides, de violents éclairs déchirent la nuit et nous laissent pour un temps aveuglés dans une obscurité plus opaque.

Autour de nous, de chaque côté de la route, ce n'est qu'un vaste mystère noir où je pressens confusément la présence de ces milliers d'hommes qui dorment partout, sous les tentes, sous les guitounes, sous les cagnats disséminées dans la campagne. Et, pendant les silences de la canonnade, je crois vaguement percevoir une haleine rythmée de sommeil ; il semble qu'un immense souffle tiède de respiration passe dans l'ombre.

Ces éclairs, ces coups de canon espacés donnent à la nuit je ne sais quoi d'auguste et de solennel. Un rêve héroïque plane au-dessus de ces soldats, endormis sur cette terre meurtrie, semée de croix.

Rien que par l'ouïe et l'odorat, affinés par ces ténèbres, je devine tout ce que nous frôlons dans la nuit.... Tiens ! des hennissements, des ébrouements, un violent fumet d'écurie, une âcre odeur de tannerie, de cuirs et de harnachements mouillés.... Nous longeons un parc d'artillerie. — Des vapeurs d'éther, maintenant, des exhalaisons de pansements, d'acide phénique.... Ce sont des ambulances, quelque poste de secours. — Puis, voici des relents fades de sang caillé, de viande fraîchement écorchée... les abattoirs ; — des bouffées de graillon... les cuisines roulantes. — Et puis, par instants, mêlées à l'arome des foins, passent par risées, dans l'air suave, des puanteurs de fiente et de décomposition, venues des champs de bataille tout proches, et promenées par la brise nocturne.

« Vous ne pouvez pas encore apercevoir les lignes de feu, me dit mon compagnon ; elles

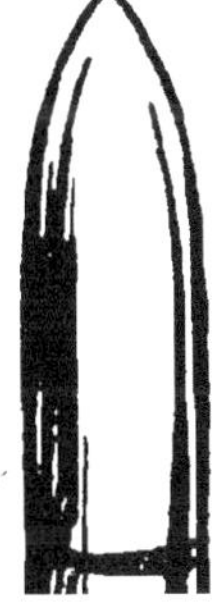

sont cachées par ce mamelon dont vous voyez la crête se silhouetter sur le ciel éclairé par les projecteurs allemands. Tenez ! il est là-haut, le fameux *Moulin de l'Espion.* Au prochain coup de projecteur vous allez le voir là, à droite. Ce brave meunier faisait, en manœuvrant ses ailes, des signes convenus avec l'ennemi. On l'a pincé et fusillé sur place. Prenez garde, donnez-moi la main. C'est plein d'anciens trous de marmites par là. Et puis, il faut éviter le cimetière qui est à côté ».

Tout à coup, à la lueur d'un éclair, le moulin fatal, dressé sur son pivot, m'apparaît d'un noir d'encre sur le ciel embrasé, démesurément grandi par la nuit, effrayant avec les deux membranes de ses ailes immobiles, levées comme deux bras.

Nous grimpons les marches branlantes de son escalier de bois et, de là-haut, je découvre, développée sur un horizon de cinq lieues, la plus grandiose féerie nocturne que j'aie vue de ma vie.

Le champ de bataille la nuit

Devant nous, ce n'est qu'un abîme de ténèbres.... Sur ce vaste écran d'un noir
intense fulgurent, comme un inquiétant signe
du ciel, des milliers de raies lumineuses, si serrées
et si denses qu'elles forment dans la nuit opaque
une sorte de barrage incandescent qui s'étend
sur une immense ligne d'un bout à l'autre du
champ visuel. Toutes ces stries étincelantes
sont en plein vertige de mouvement; elles jaillissent partout, empressées, avec une incroyable
profusion. Tout l'horizon est hérissé d'une cri-
nière de feu frémissante que le vent tourmente
et recourbe.

Est-ce quelque étrange phénomène cos-
mique ? On dirait un lâcher de comètes !

Devant cette apparition, je reste sidéré,

muet d'étonnement. « Les fusées éclairantes »,
me dit dans l'ombre mon compagnon, très
calme, amusé de ma stupéfaction.

Certes, je savais bien, comme tout le monde,
que le champ de bataille est éclairé la nuit, de
temps à autre, au moyen de fusées. Mais je
n'aurais jamais osé imaginer un tel foisonnement
de ces engins. A peine une fusée commence à
retomber que deux, trois autres jaillissent du
même point pour la remplacer. Les unes montent tout droit à de grandes hauteurs, d'autres
partent en biais, d'autres encore décrivent des
courbes ou font des zigzags. Leur va-et-vient
est ininterrompu, hallucinant. « Les nôtres
éclairent bien plus longtemps », remarque mon
compagnon. En effet, certaines de ces fusées à
l'instant où, à fin de course, elles s'incurvent

pour s'éteindre, donnent le jour,
si je puis dire, à des globes éblouissants qui éclosent au milieu des
dernières étincelles et
restent en suspens pen-
dant quatre à cinq mi-
nutes, sortes d'astres
errants, de météores
qui se promènent en
guirlandes dans la nuit,
au gré de la brise, tous
poussés dans la même
direction.... On dirait
de gros œufs tout
blancs, pondus par ces
longs vers luisants.

« Nos poilus, me dit le lieutenant X..., peuvent voir les tranchées boches, là-bas, comme en plein jour. »

Tous les deux, juchés chacun sur notre marche d'escalier, nous échangeons dans le noir nos réflexions.

C'est un spectacle magique. Imaginez un feu d'artifice géant développé sur un horizon de quarante kilomètres ! Cette impression de féerie est tellement intense que je m'attends à voir à tout moment ces fusées s'épanouir en grappes multicolores et s'incliner avec grâce comme pour offrir un bouquet à la Nuit. Je guette l'instant où des soleils vont tournoyer, des fontaines de rêve faire jaillir leurs cascades de feu.... Je crois entendre de lointaines rumeurs de fête, les « ah ! » extasiés par lesquels les foules béates saluent la floraison des fusées dans les grands feux d'artifice populaires....

Mirage ! Au contraire, pour le moment, c'est le silence infini.... Tout ce luxe de scintillement que personne ne contemple, cette illumination silencieuse dans cette nuit déserte, ont quelque chose d'anormal qui déconcerte et épouvante vaguement.

L'horrible guerre a changé ces feux de joie en une fête mortuaire, et cette fantastique pyrotechnie est l'œuvre de quelque Ruggieri funèbre. Ces fusées décevantes qui ne fleurissent pas, n'éclairent que des scènes de carnage et semblent retomber en larmes d'argent sur le velours noir du ciel.

Ce sont les flambeaux de la Mort qui veillent dans la nuit sereine sur cette terre pétrie de cadavres, et font du champ de bataille une immense chapelle ardente....

. Soudain, quatre lueurs aveuglantes, quatre langues de feu dardées furieusement crèvent les ténèbres, éclairant tragiquement les gros nuages noirs qui fuient dans la nuit effarée. Deux secondes après, une quadruple détonation fracasse tout ce silence et tout ce recueillement pendant que, sous une poussée brutale, l'escalier oscille, et que je suis projeté contre la rampe Tout le moulin frémissant m'a semblé reculer,

Le cœur battant, à moitié étourdi, je me suis accroché au bras de mon compagnon. « Ce n'est

rien, dit-il, une batterie de 155 qui a tiré là, à droite, tout près de nous.... »

Le bruit formidable va se cogner aux quatre coins de l'horizon, rebondit, revient sur nous, comme un ressac, et puis roule, roule, répercuté à l'infini par tous les échos du ciel...

Le bruit s'éloigne et diminue comme la rumeur d'un train qui fuit au loin dans la campagne.

Tout s'apaise : la nuit scandalisée retrouve peu à peu son calme, et le silence se reforme plus immense....

Mais quoi ! est-ce une illusion de mes oreilles encore bourdonnantes ! Le silence me semble maintenant constellé, tout picoté d'une infinité de petites détonations sèches, nettes, une sorte de poussière de bruit qui retomberait après ce grand éclat. Cela rappelle le bruissement des grillons qui délirent dans les champs durant les chaudes nuits d'été.

« La fusillade, me dit mon compagnon, on doit attaquer du côté de Vimy.... »

Par moment, ces petits coups secs se suivent en pointillé régulier avec un tic tac précipité de machine à coudre, et tracent dans le silence comme un ourlet de bruit. Les mitrailleuses ! Ça doit chauffer là-bas, car la fusillade devient intense, fiévreuse. Cela gagne toute la ligne de feu et, d'un bout à l'autre de l'horizon, c'est maintenant un crépitement frénétique, exaspéré. Le cœur serré, j'écarquille les yeux, essayant de percer ce noir mystérieux, de deviner ce qui peut bien se passer de terrible là-bas, à la lueur de ces fusées funèbres.

« C'est que, voyez-vous, me dit mon compagnon, le jour l'artillerie seule donne ; les poilus sommeillent dans leurs abris, sous le bombardement. Mais le soir, dès que l'obscurité arrive, comme des fauves ils sortent de leur torpeur et commencent à s'agiter à la lueur des fusées dans cette jungle de feu. C'est l'heure des surprises, des attaques sournoises, et les fusils à la moindre alerte partent tout seuls. »

Mais voici les projecteurs qui entrent en action. Des faisceaux fulgurants jaillissent de plusieurs points de l'horizon, lancés comme par des obusiers chargés de rayons. Cela troue les ténèbres comme des coups de canon de lumière.

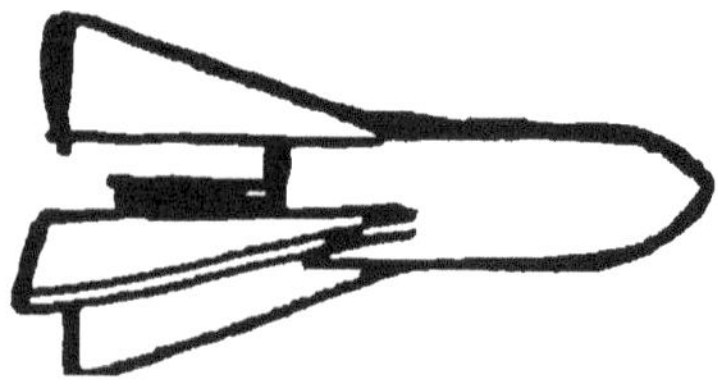

Les cônes éblouissants se croisent dans le noir,
découpant sur la campagne déserte des ronds de
clarté fantastique, où apparaissent, brusquement illuminés comme dans une sinistre apo-
théose, des coins de champ de bataille : les
tours du mont Saint-Éloy, debout au loin
comme deux fantômes blafards, les arbres mutilés du bois de Carency, les carcasses de toi-
tures et les ruines de Villers-au-Bois et d'Ablain-
Saint-Nazaire...toute une désolation dantesque.
Cela va, vient, balaie la nuit, fouillant l'obscurité avec la hâte fébrile et inquiète d'une lan-
terne sourde de cambrioleur... et puis tout de
suite cela palpite, sursaute et s'évanouit dans
des hoquets de lumière. On dirait tout le ciel
secoué d'un rire satanique. Cela n'a pas duré
trois secondes ; ça n'a été qu'un spasme de
clarté.

Étonné, je demande à mon compagnon
pourquoi cela est si furtif et rapide.

« On craint, me répond-il, que les projecteurs ne soient repérés par les batteries ; alors
on se dépêche. »

Maintenant, c'est un déchaînement général.

Partout les fusées montent en gerbes ; de tous les côtés à la fois, près de nous, à **gauche**, à **droite**, jusqu'aux **lointains** de l'horizon, les canons **dardent** leurs lueurs pathétiques et remplissent l'immensité de leurs voix graves et déchirantes. Je vois distinctement les fusants exploser au-dessus des tranchées, lançant de tous côtés des bouquets d'étincelles et d'éclats incandescents au centre d'une fumée rougeoyante. Tout tremble, et le silence s'écroule dans une clameur d'apocalypse. On dirait une lutte de titans.

Et quand je pense que je ne vois là qu'un fragment infime de ce drame grandiose, que cette saturnale se déchaîne bien au delà du champ visuel, que depuis les dunes de la mer du Nord, le long des plaines de l'Artois et de la Champagne, elle s'étend, prolongeant son réseau de fusées, ses lueurs et son vacarme jusqu'aux forêts de l'Argonne, jusqu'aux gorges des Vosges, je reste confondu par les proportions surhumaines de cette épopée géante....

Et cela n'est encore rien. Partout, partout, sur

l'immense front russe, par-dessus les sommets
des Alpes dolomites et les monts balkaniques,
jusqu'aux frontières de l'Asie, à la même heure,
c'est le même sabbat infernal qui ensan-
glante la nuit sous les mêmes étoiles....

Que doivent penser les astronomes de Sirius
et de Mars si, du haut de leurs observatoires,
ils voient ces inexplicables raies fulgurantes,
qui jalonnent notre continent ?... Ils croient
peut-être que ce sont là des signaux interpla-
nétaires que leur font les fabuleux Terriens,
et ils rêvent à des civilisations merveilleuses
Inconnues d'eux....

Mais mon aimable compagnon, qui est blasé
sur ces spectacles, et ne partage pas mon émoi,
me rappelle à la réalité. Il est dix heures ;
il faut rentrer.

Je dégringole l'escalier branlant et je m'é-
loigne à regret, jetant un dernier
regard sur le *Moulin de l'Espion;*
tout noir sur le ciel, avec ses ailes décharnées, il ressemble à la
carcasse fumeuse et calcinée de
quelque pièce éteinte de ce feu

d'artifice prodigieux, dont je garderai longtemps dans mon souvenir l'éblouissement et la
splendide horreur.

Sur l'autre versant du monticule, c'est le
noir opaque.

« Donnez-moi la main, me dit le lieutenant
X..., nous sommes dans le cimetière. »

Nous marchons à tâtons avec d'infinies pré-
cautions parmi les tertres que je ne puis distinguer, dans les ténèbres embaumées par l'a-
rome des fleurs et des couronnes déposées pieusement sur les tombes.

L'instant d'un éclair, et, brusquement, des
milliers de croix m'apparaissent, doublées par
leur ombre projetée sur le sol, alignées en rangs
pressés, portant toutes, avec le nom des héros,
cette simple épitaphe : *Mort pour la patrie...
Mort pour la patrie... Mort pour la patrie...* ré-
pétée tout le long de ce champ des martyrs,
comme une litanie.

J'ôte ma casquette et le lieutenant jette son
cigare. Je récite mentalement une courte prière,
un peu oubliée, pour tous ces braves qui dorment paisiblement dans cette nuit grondante

8.

et farouche, en vrais soldats, au bruit du canon, couchés dans cette terre qui tressaille à chaque rafale.

Dans leur rêve sublime ils ont la suprême illusion d'être encore de la fête.

Nous restons un moment recueillis et silencieux, et moi, profondément troublé, à chaque éclair, comme ma mère m'avait appris à le faire, dans mon enfance, pendant les nuits d'orage, à chaque éclair, instinctivement, j'esquisse un signe de croix.

VI

SUR LE FRONT
DE MEUSE. . .

VI

SUR LE FRONT DE MEUSE

Bar-le-Duc

Moi aussi j'ai été à Verdun, comme tant d'autres, et au plus fort de la bataille. Il est peut-être un peu tard pour raconter mon voyage. Mais figurez-vous qu'à mon retour, en feuilletant mon carnet de route, où j'avais noté mes impressions, j'ai été pris d'une sorte de pudeur. Mes petites remarques, mes croquetons, mes griffonnages, tout cela, refroidi, me sembla si peu de choses, tellement rien du tout, que j'ai hésité, hésité, et enfin renoncé à écrire.

L'impression de Sem sur la bataille de Verdun! Rien que ce titre « bien parisien » m'apparut indécent et si puéril ! On ne joue pas *Sambre-et-Meuse* avec un sifflet de deux sous....

Mais, tout de même, ne faut-il pas remplir

son petit devoir professionnel ? N'est-il pas honnête, puisqu'il m'a été permis d'approcher du grand drame, d'essayer, en toute simplicité, en toute humilité, d'en dire le peu que j'en ai vu ?

Et puis ces notations amèneront peut-être sur les lèvres de nos soldats, qui, eux, se battent pendant que nous racontons, un sourire d'indulgence amusée pour le terrible corres-

pondant de guerre qui, armé d'un porte-plume
fait de deux cartouches boches, et confortablement assis à sa table où brille un presse-pa-
pier en culot d'obus, termine son article sensationnel par un énergique : *Ils ne passeront
pas !* jeté à la volée, sabré rageusement dans
un éclatement d'encre !

Vers le soir, je débarque du train à la gare de
Bar-le-Duc.

Tout de suite, l'impression du drame me saisit. A la toiture du hall, il n'y a plus de vitres.
Il ne reste qu'un immense squelette métallique
qui se découpe, enfumé et sinistre, sur le ciel
plombé. C'est comme une gigantesque tonnelle
de banlieue défeuillée par une bourrasque.

Il pleut à verse. Cette gare sans abri, ouverte
à tous les vents, traversée de rafales, toute ruis-
selante, ces quais inondés, qu'encombre, af-
fairée et boueuse, la foule des soldats qui partent, a un aspect farouche.

Me voici maintenant dans cette bonne ville
de Bar-le-Duc, capitale sucrée des confitures,
dont le nom seul me mettait aux lèvres un goût
de gelée de coing et de groseille. J'en avais, je

m'en souviens, mon imagination d'enfant toute
poissée. Je la voyais, cette douce ville, confite
dans sa tranquillité ménagère, avec, devant
les portes de ses maisons, des mioches barbouil-
lés, mangeant des tartines, à l'heure bénie du
goûter. Maintenant, ça sent la benzine, le caoutchouc échauffé, le cambouis et le cuir mouillé.
Dans les rues, toutes bleues de soldats, c'est un
tohu-bohu de camions, de caissons retentis-
sants, de voitures de toutes sortes. Leur fracas
tout proche s'enlève en vigueur sur un fond de
bruit sourd, sur une rumeur lointaine et grave :
la basse des canons de Verdun qui emplit tout
l'horizon comme d'un immense bougonnement.

La pluie a cessé. Je flâne un peu dans les rues,
grisé par toute cette animation, respirant à pleins
poumons, à plein cœur, cet air allègre et vivi-
fiant : *l'atmosphère de l'avant*, qui, dès qu'on
approche des armées, tout de suite vous élec-
trise. Ceux qui n'ont pu aller jusque-là ne peuvent connaître cette sensation de soulagement,

de saine exaltation. C'est tout à fait l'impression salubre et forte qui vous saisit quand,
venant de Paris, on arrive au bord de la mer,
et qu'on aspire le vent du large....

Mais tout de même la transition est un peu
brusque de la nonchalante avenue du Bois,
où je me promenais encore hier soir, à cette héroïque bousculade. Un peu ahuri, je me réfugie
dans la ville haute.

Là, c'est le calme retrouvé de la province. Je m'accoude un moment au parapet
de la paisible petite place. De la
cour d'un couvent voisin, les cris
clairs d'une récréation s'élèvent.
L'*Angelus* tinte dans l'air tout
capitonné des coups ouatés du
canon lointain.... A mes pieds la
plaine meusienne s'étend, immense.
Je pense, non sans quelque
anxiété, à mon voyage de
demain.... Sous ces lourds
nuages noirs qui grondent
là-bas, c'est Verdun. La
nuit tombe.

Dans l'hôtel archi-comble, c'est un va-et-vient d'officiers aux figures basanées, aux uniformes patinés, encore tout vibrants de la lutte d'où ils viennent. La salle à manger est bondée. Dans les vestibules, les portemanteaux disparaissent sous l'amas des casques,

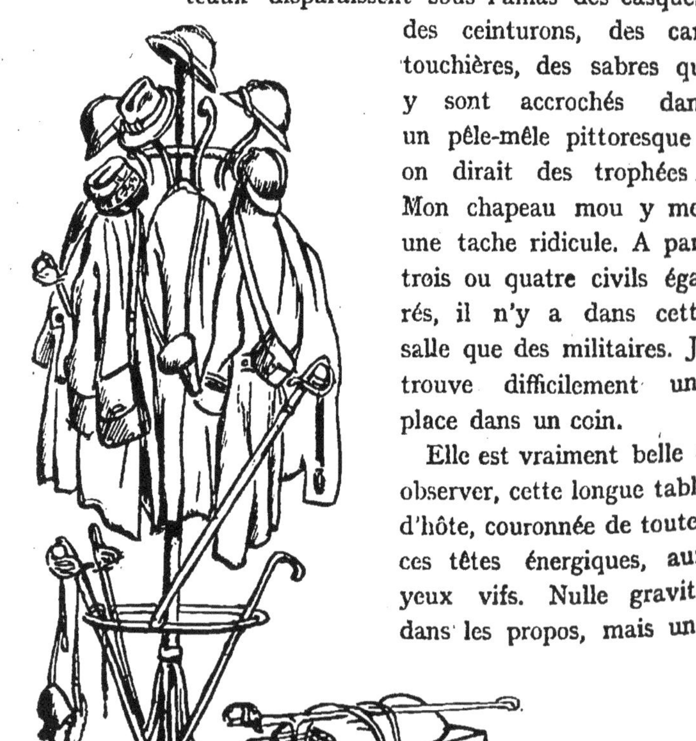

des ceinturons, des cartouchières, des sabres qui y sont accrochés dans un pêle-mêle pittoresque ; on dirait des trophées. l Mon chapeau mou y met une tache ridicule. A part trois ou quatre civils égarés, il n'y a dans cette salle que des militaires. Je trouve difficilement une place dans un coin.

Elle est vraiment belle à observer, cette longue table d'hôte, couronnée de toutes ces têtes énergiques, aux yeux vifs. Nulle gravité dans les propos, mais une sorte d'entrain réfléchi et déterminé. Tous ces jeunes hommes, qui viennent de voir la mort de si près, causent gaiement, mangeant à belles dents ce médiocre repas, avec le magnifique appétit des héros. On s'interpelle, on fait des mots, on porte des toasts à la blague, les bouchons sautent. N'étaient tous ces uniformes et les choses à faire frémir qui se racontent là, sans forfanterie, tout simplement, entre la confiture et le fromage, je croirais assister à quelque meeting sportif.

Un groupe d'aviateurs entre en coup de vent, — gens à part, habillés de plus près, fuselés, semble-t-il, par la vitesse des vols, d'une sveltesse d'acrobates avec leurs fins brodequins lacés jusqu'aux genoux. Parmi eux, il y a l'extraordinaire Navarre, au profil coupant de gypaète, aux cheveux rejetés en arrière, comme brossés par le tourbillon de l'hélice. — Brouhaha. On leur fait tête. Ce sont des tu-

sous la queue. L'œil collé à l'œilleton de ma hotchkiss, j'ai mal calculé ma distance. Je le bouscule. Alors, mon vieux, foutu pour foutu, à 160 à l'heure, de toute la force de mon Gnome, j'entre dans son zinc ; mon hélice éclate ; mais j'ai coupé la queue de son appareil, net, ras des ailes. Il tombe en deux morceaux, de deux mille mètres. Moi, je dégringole en feuille morte.

« A cinquante mètres du sol, j'ai la veine inespérée de redresser mon coucou et je me pose tout gentiment sur le gazon, « comme une mésange ».

Et voilà..... Menus propos de table. Simple anecdote de dessert.

L'héroïsme se porte beaucoup cette année...

La route qui marche

APRÈS dîner je vais me promener hors la
ville, dans la campagne. La nuit est
noire et glacée. Au lointain, toujours la basse
des canons, immense rumeur pathétique qui
devient une forme du silence tant elle est
continue et amortie.

Mais voici un autre bruit singulier, plus proche. C'est une sorte de ronflement ininterrompu.
L'impression est étrange. On dirait une respiration puissante, un halètement monstrueux.
Je ne sais d'abord d'où cela vient. Je regarde le
ciel. Est-ce le vrombissement d'un dirigeable
ou d'une escadrille d'avions ? Mais non : cela
vient du sol, cela rampe, s'allonge comme un
long ruban sonore, une chenille de bruit qui
traverse la plaine, chemine le long de la route et

va s'affaiblissant pour mourir en un murmure qui s'éloigne vers l'est. Je m'approche. Dans les ténèbres humides et tourmentées je découvre, je devine plutôt, une théorie ininterrompue de gros monstres à échine ronde, à pesante allure de mammouth, se suivant sans fin, à la queue leu leu, à travers la plaine....

Il me semble voir la migration d'un troupeau de bêtes antédiluviennes qui vont ainsi, sans hâte, les unes derrière les autres, vers je ne sais quel but mystérieux. Je distingue mal, dans tout ce noir, la ligne de leurs vastes dos, les plis de leur peau flasque, squameuse, qui pend sur leurs côtes bombées et que soulève leur souffle asthmatique, leurs énormes têtes dont les petits yeux luisent faiblement d'un feu clignotant.

Me voici au bord de la route. Ce sont les camoins de Verdun, désormais légendaires, encore amplifiés, rendus difformes et fantastiques,
par cette nuit tragique où ils se glissent.

Certains, vus de dos, ont des tournures d'éléphants ; leur échine et leurs côtes, ce sont les
immenses cerceaux sur lesquels, mal tendues,
flottent et battent les toiles épaisses des bâches
sombres qui les recouvrent. Toute cette carcasse en mouvement semble vivre, déambule
lourdement, avec la démarche pataude, à pieds
mous, des pachydermes. D'autres ont l'aspect
de hauts chars de carnaval oscillant, d'énormes
porcs de cauchemar. Leur grouin, qui semble flairer le sol, c'est le moteur qui gronde et grogne
sans arrêt. D'autres encore, les plus nombreux

ressemblent à des Tarasques, à des cétacés apo-
calyptiques montés sur roulettes. Leur gueule
est formée par les vastes capotes rabattues sur
le siège, où disparaissent, comme avalés, les
hommes qui les conduisent. Les monstres paraissent se diriger seuls, par leur propre volonté.

Leurs yeux, ce sont les petites lanternes
prudentes....

Soudain un coup de sifflet étouffé et la longue
file, avec une précision parfaite, s'arrête.

Comme Jonas vomi par la baleine, des bouches
béantes sortent des êtres singuliers, pareils sous
les peaux qui les revêtent à des boules de poils
hérissés. Les cornacs de ces étranges mammi-
fères, sous leur ventre qui fume, s'accroupissent,
s'activent....

Ils ont l'air de les traire....

Bientôt ils se relèvent. Je m'approche d'eux et j'engage la conversation. Avec simplicité et bonhomie, ces braves gens me parlent du dur métier qu'ils font. Des nuits et des nuits, ils restent rivés à leur volant, brisés de fatigue, dans une immobilité qui les ankylose, mangeant comme ils peuvent un morceau, d'une main gonflée d'engelures, enduite de vaseline glacée, pendant que l'autre main continue machinalement à conduire, obligée de farfouiller à chaque instant dans cette ferraille nerveuse, — luttant contre le froid, luttant surtout contre le sommeil, — le sommeil opiniâtre, despotique, torturant, qui les assaille au fond de ces capotes closes, où ils ne voient rien, dans le bercement irrésistible du perpétuel ronron du moteur....

Moi aussi, d'ailleurs, je tombe de sommeil, — un sommeil sans gloire de pékin. Il est tard et, en pensant aux héros obscurs de cette épopée de la patience, je regagne mon hôtel. Demain matin à 5 heures, je pars pour Verdun.

Un autre coup de sifflet. Toute la file s'ébranle et, de la même allure étouffée, s'éloigne dans la nuit.

Vers la bataille

A LA pointe du jour, d'un petit coup sec frappé à ma porte, la bonne me réveille en sursaut. Allons, c'est pour aujourd'hui. Un peu de courage. Brrr! quel temps peu engageant. Il pleut à verse. Devant l'hôtel m'attend une automobile militaire. Le capitaine X..., qui veut bien me servir de guide, tout de suite me fait remarquer, avec un petit sourire significatif, que, par ordre de l'Etat-Major, il est interdit d'entrer à Verdun sans avoir la tête protégée par un casque... un casque ? ?... Ah ! diable !... Enfin, allons-y ! Je me laisse docilement conduire dans une sorte de vaste magasin d'équipement où sont entassées des montagnes de casques d'un bleu cru, tout neufs. Cela sent le cuir et la mercerie dans ce magasin. Un territorial goguenard, qui est le chef du rayon de chapellerie, s'empare de moi, me bertillonne le crâne, et avec autorité m'enfonce jusqu'aux yeux un casque évidemment trop grand....Dieu que c'est froid ! ! Il me semble qu'on va m'électrocuter.... Avec une agilité d'escamoteur, mon chapelier m'en essaie ainsi toute une collection. Enfin, il m'en trouve un qui me convient.

« Ça va comme un gant ! » me dit-il dans un sourire.

Et il ajoute :

« C'est le vrai chic. Monsieur Sem veut-il ses initiales ? — Ah ! vous me connaissez ?

— J'ai été cinq ans maître d'hôtel chez Maxim's. »

Le capitaine X..., qui m'attend dans l'auto, m'affirme que j'ai l'air d'un parfait poilu. Il n'y a pas de glace et je m'en rapporte à lui.... Et maintenant en route !

Nous voilà, filant dans la direction de Verdun, sous la pluie qui continue à faire rage. La route, libre, presque débarrassée de ses camions, est admirablement entretenue. Il semble que

tout ait été prévu et organisé par une sorte de Touring-Club de la guerre. Les grands écriteaux, les flèches indicatrices placés à chaque carrefour, qui la jalonnent, me font penser à cette fameuse course Paris-Berlin, où jadis triompha notre champion Fournier, devant le Kaiser en personne.

D'innombrables cantonniers militaires, sans relâche, entretiennent la route.

J'aperçois dans la campagne d'immenses cantonnements, des milliers de tentes jaunes, brunes, grises, des parcs de munitions, tout cela confus, brouillé, par la pluie.

Je vois au loin passer au galop des batteries d'artillerie. Sur leurs lourds chevaux, les robustes cavaliers, casqués d'acier, enveloppés  d'amples manteaux caoutchoutés, bleuâtres, auxquels l'averse donne un luisant métallique, évoquent les guerriers bardés de fer des siècles passés.

Nous approchons du drame. Maintenant nous croisons des troupes en marche....Ah! *ils en viennent* ceux-là!

Il n'y a qu'à les voir ! Ils ont sur eux toute
l'horreur sacrée de la bataille. Ce sont des

zouaves. Leurs uniformes kaki, oxydés maintenant, corrodés par les gaz empoisonnés,

roussis par la fumée des obus, brûlés par les
jets de lance-flammes, souillés de terre, déteints par les pluies, ont pris des nuances sans
nom, qui passent du rouge ocreux au jaune soufre. Ils sont couleur d'enfer et de lave, ils semblent sortir d'un cratère. Ils sont splendides !

J'obtiens qu'un instant l'auto s'arrête. Je
les regarde passer, me tenant timidement à
distance, n'osant m'approcher, pris de frisson
et de respect. Leurs fusils, mastiqués de glaise,
ont leur batterie soigneusement entortillée de
pauvres chiffons comme des membres blessés.
Leurs gourdes, leurs musettes, leurs boîtes à
masques, leurs sacs sont tout éraflés, écorchés
par les frottements contre les parois des boyaux
…Leurs larges pantalons, lourds de pluie, leurs

vareuses trouées, déchiquetées par les fils de
fer barbelés, sont beaux comme les glorieux
haillons des drapeaux. Indifférents à toute cette
eau qui tombe sur eux, qui résonne sur leurs
casques et leurs gamelles, ils marchent violemment dans la boue, d'un pas héroïque et
un nuage de vapeur s'élève de leurs vêtements
trempés d'eau et de sueur.... On dirait qu'ils
sont encore fumants des terribles combats
d'où ils sortent.

Nous repartons.... Subitement, plus rien...,
La campagne est déserte. Un vide tragique.
impressionnant, où plane une sorte d'épouvante,
Le bruit du canon progressivement augmente
devient formidable, profond, épais.... J'ai l'impression *d'entrer dans du canon !*

Là-bas, au fond de la vallée, une citadelle,
des vieux remparts, des fumées qui montent,
deux clochers : Verdun !

Dans Verdun

C'EST le matin, et il pleut.
Un grondement formidable, ininterrompu,
fait vibrer l'air et trembler la pluie.

Au fond de cet espace, tragiquement désert,
Verdun est là, tout près.

« Attention ! me dit le capitaine X..., nous
allons traverser l'endroit critique. »

Ah ! ah !... Je me recroqueville dans le coin
de la voiture. Je me mets en boule. J'assure mon
casque et l'enfonce tant que je peux, tirant dessus des deux mains comme si je voulais y entrer tout entier. Et allez donc ! Le chauffeur,
un peu pâle, met les gaz et, de toute la puissance
du moteur, l'auto fonce dans la zone dangereuse
et s'engouffre dans une des portes
monumentales qui s'ouvrent dans

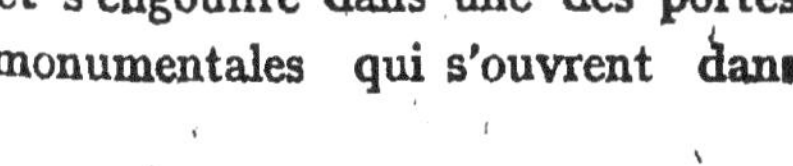

les vieux remparts de Vauban.... Ça y est! Je suis dans Verdun !

Nous devons tout d'abord atteindre la citadelle, où nous sommes annoncés, à l'autre bout de la ville.

Les premières rues que nous traversons sont intactes ; elles sont vides, mais tout m'y paraît normal. Je suis heureusement surpris : on m'avait tant dit que la ville était détruite.... Mais, brusquement, le décor change.... Le drame apparaît soudain dans toute son horreur !

Plus de maisons, plus rien que des monceaux de pierres écroulées et de gravats, tout blêmes sous le ciel noir. De grands vides sinistres où, seuls, se dressent, dans un lugubre isolement, des pans de murs calcinés et des lambeaux de façades. Toute cette désolation, entr'aperçue à travers les glaces de la voiture, fouettées d'averse et brouillées d'eau, défile presque irréelle sous mes yeux effarés, avec la rapidité trépidante d'un cinéma, aux cahots de l'auto, qui bondit à toute allure, suivant ce qui reste des rues, pistes défoncées, bordées de deux remblais de décombres....

Mais on ne peut passer aussi rapidement
devant un tel spectacle. Il serait sacrilège de
brûler ainsi pareille étape. Nous faisons arrêter
l'auto et mettons pied à terre. Nous voilà er-
rant au milieu de ces ruines désertes. On y respire une odeur de poussière et de plâtre mouillé,
l'âcre relent de suie détrempée et de fumée
froide des lendemains d'incendie. A certains
endroits, nivelés par le bombardement, une
maison intacte, à peine écornée, reste seule debout, hagarde. Une autre, plus loin, littéralement coupée, sciée en deux, montre des coins
d'intérieur, des fragments de chambre, tous les
secrets de la vie familiale, brutalement mis à
nu sous ce jour implacable. Il y a quelque chose
d'impudique, presque, dans toutes ces intimités
ainsi violentées, révélées par les caprices de la
destruction. Aux fenêtres
démantelées, les persiennes
battent au vent, sinistre-
ment, tandis que les rideaux
fous flottent au dehors et
se tordent ; ils semblent
faire des gestes de détresse

seuls signes de vie sur ces façades mortes....

Mais nous ne pouvons nous attarder, il faut repartir.

Enfin, devant nous, se dressent de hauts glacis gazonnés, une sorte de colline aux arêtes géométriques, au pied de laquelle s'ouvre, noire comme l'entrée d'un tunnel, une porte cintrée dont les profondeurs apparaissent piquées de petites lumières vives. Des soldats sont là groupés devant ; deux sentinelles, baïonnette au canon, montent la garde. C'est la citadelle.

L'auto s'arrête. A l'instant précis où je descends, mon arrivée est saluée par quatre éclatements terribles. Quatre obus allemands qui tombent par là, je ne sais où. Pas bien loin, certainement. D'ailleurs, pour tout correspondant de guerre qui se respecte, tout obus doit tomber à une distance de lui qui varie de trente à cinquante mètres, jamais plus loin.

Cent pas, à peu près, me séparent de l'entrée de la citadelle. Cent pas à traverser à découvert. Je n'hésite pas. Je prends ma frousse à deux mains, je pique une course et me jette tout essoufflé sous le porche sauveur.

Ouf !... il était temps ! Une deuxième volée de mitraille éclate encore du même côté, avec un bruit fracassant. Je suis pris d'un petit rire nerveux, haletant, soulagé, comme les gens qui, surpris par une ondée, se réfugient, après une course affolée, sous une porte cochère....

Tout de même, je suis un peu honteux de ma précipitation. Devant ces soldats impassibles qui me regardent, je me sens devenir tout rouge sous mon casque trop bleu. Y a pas à dire, j'ai manqué de cran, j'ai raté mon entrée. Il eût fallu arriver là d'un petit pas de promeneur, avec le sourire. J'essaie de sauver la face, de donner le change....Je tente de mettre sur le compte de la pluie diluvienne ma courte panique. Je m'ébroue avec affectation, je secoue l'eau qui perle sur mon manteau, je fais le chien mouillé.... Brrr !... Et je risque un « Dieu, quelle averse! » jeté comme ça, d'un petit ton dégagé....

« Monsieur aurait dû prendre son riflard ! » souffle derrière moi une voix goguenarde.

Je n'insiste pas et m'enfonce dans le noir du long souterrain.

Déjà trois autres visiteurs m'ont précédé dans la citadelle. Je me joins à leur groupe. Le capitaine X... nous présente au général commandant la place de Verdun. Celui-ci nous fait un excellent accueil :

« Messieurs, nous dit-il, vous êtes, ici, les bienvenus. Je ne vous cacherai pas que les hôtels de la ville sont, en ce moment, peu fréquentables. Vous me ferez donc l'amitié de partager notre modeste repas. »

Puis, il veut bien nous faire les honneurs de sa citadelle. C'est le tour obligatoire du propriétaire, à travers les longues galeries, les bureaux, la salle des machines à élever l'eau, à faire la lumière et la glace, les grands dortoirs, les salles d'opérations, les salles de douches, toutes éclatantes de ripolin, tout cela bien aménagé, très proprement tenu, parfaitement éclairé, presque tout le confort moderne : eau froide, eau chaude, électricité... un vrai palace de la guerre....

N'exagérons rien, cependant. Tout cela est très sommaire et ressemble bien plus à un monastère qu'à un palace. Il y a là une simplicité rude et austère, toute monacale, et ces soldats barbus, qui passent silencieux dans l'ombre des longs corridors voûtés, me font, dans leurs amples capotes, l'effet de moines au froc bleu.

J'éprouve une indicible impression de détente, de tranquillité, sous cette épaisse couche de rochers et de terre qui s'interpose entre ma tête et ce ciel redoutable, que je vois dans mon imagination tout zébré d'obus.

Au sortir de cet effroyable vacarme, je goûte profondément ce recueillement et ce silence. Et je me laisse aller à oublier délicieusement le grand drame qui se joue là-haut....

Mais le général me rappelle à la réalité :

Messieurs, le déjeuner est pour midi. Nous avons juste le temps d'aller jusqu'au fort de

X..., d'où vous aurez une vue d'ensemble sur le champ de bataille ».

Allons, bon ! On était si bien ici. J'ai, je l'avoue, une légère hésitation intérieure.... Est-ce bien indispensable de le voir, ce champ de bataille? Il paraît, d'ailleurs, qu'on en voit si peu de choses.... D'abord, il pleut, et puis c'est si intéressant, si nouveau pour moi, cette ville souterraine. Comme je me plais dans cette citadelle !...

Tu n'as pas honte, espèce de pékin ! Allons, ouste ! en auto !

De nouveau, au grand jour, sous l'averse, dans le tumulte du canon, nous filons à toute allure dans la campagne abandonnée. Enfin, sur une éminence, voici le fort. Les autos s'arrêtent. Nous grimpons la pente. Nous entrons. Sous la poterne sonore, un bruit de crosses, une voix énergique, qui commande : « Garde à vous ! Portez armes !» C'est le poste qui rend les honneurs.

A la suite du général,
devant les soldats ali-
gnés, immobiles, l'œil
fixe, je passe, très con-
vaincu, prenant un peu
ma part de ce salut, la
main militairement au
casque.... A peine passé,
je me retourne, juste à
temps pour voir un brave
poilu tout secoué d'une
hilarité convulsive....
De quoi rit-il donc?...
Serait-ce de moi par hasard?...

Je commence à douter de mon casque.

Nous ne faisons que passer et quittons le fort.

Après une assez longue course à travers
champs, nous atteignons une sorte de tertre
qui domine la région. Là, le général s'arrête et,
soudainement devenu grave, nous désignant le
panorama qui se déroule devant nous, il nous dit :

« Le champ de bataille de Verdun ! »

Je sens passer un frisson. Instinctivement,
je me découvre comme dans une église.

Nous sommes là, groupés sur ce tertre, debout, dans l'herbe fraîche, lavée par la pluie et semée de violettes sauvages On nous prendrait de loin, avec nos lorgnettes, pour des touristes admirant un point de vue.

Le paysage qui s'étend sous nos yeux n'a pourtant rien qui puisse exalter l'imagination. Ce n'est même pas un site, c'est le plus quelconque des paysages, un pays mamelonné, une suite de hautes collines coupées de ravins, dont les ondulations se déroulent jusqu'à l'horizon.

Le général, du bout de sa canne, nous donne quelques indications : à droite, dans ce creux, c'est Verdun.

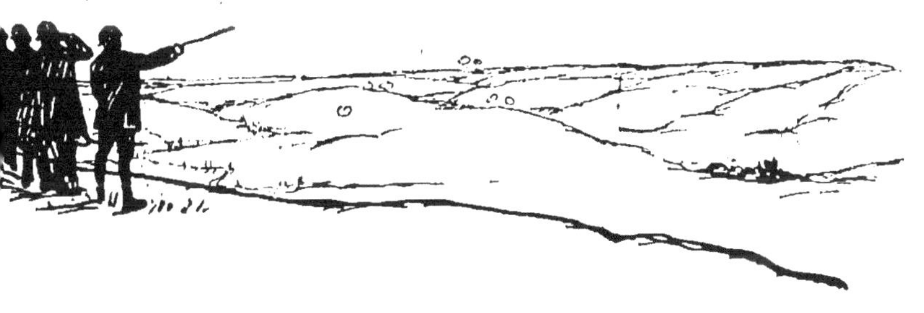

Rien né peut faire deviner que cette ville paisible, dans son enceinte de vieux remparts, que dépassent les hauts talus de la citadelle et les deux tours intactes de la cathédrale, est soumise, depuis plus de cent jours, à un effroyable bombardement. Justement, deux gros obus incendiaires viennent d'y tomber, et les fumées lentes qui s'élèvent lui donnent un air habité. On dirait, d'où je suis, les fumées ménagères qui montent des toits à l'heure du repas.

En face, au lointain, cette petite éminence, c'est le fort de Douaumont. A gauche, cette molle rivière, aux doux méandres, qui s'en va, paresseuse et lente, de sa calme allure de procession, c'est la Meuse. Les deux villages qu'elle arrose et dont je vois pointer au-dessus des verdures les innocents clochers, sont Vacherauville et Charny, et tout près de Charny, plus à droite, c'est Bras.

Tout cela a l'air fort tranquille, d'un calme bucolique, et ce qui me frappe le plus à première vue dans ce paysage de guerre, c'est la paix profonde, végétale, qui y est répandue. Pas un soldat, pas un canon, pas une fortification ne sont visibles ; pas même, au ciel, un avion ou un ballon captif, car le temps est couvert. Je n'aperçois rien, absolument rien que le printemps insouciant qui verdoie sous cette fine pluie de mai.

C'est un paysage qui ne sait pas....

Si les canons arrêtaient leur vacarme, il semble qu'on entendrait les coqs se répondre et les aboiements lointains des chiens de métairies.

Cette ville, couchée dans son vallon, et couronnée de ses vapeurs de pot-au-feu, ces villages de bergerie avec leurs petits clochers d'*angelus*, cette rivière oisive de pêcheurs à la ligne, qui flâne entre les arbres réguliers qui la bordent, tout ce paysage imperturbable semble ignorer le drame prodigieux qui se joue dans son paisible décor. Il paraît sourd à l'effroyable tumulte déchaîné dans le ciel qui le couvre. Il demeure un paysage ordinaire, municipal qui rumine béatement dans ses frais herbages, C'est un paysage heureux, qui n'a pas d'histoire....

Et, pourtant, cette rivière, c'est la Meuse, notre Meuse, chantée par les clairons, qui va recevoir plus loin des affluents de sang. Dans ces villages qui, à cette distance, paraissent intacts, en ce moment même se livrent d'héroïques luttes contre l'ennemi sauvage.... Derrière ces collines azurées, vaporisées par la pluie, se cachent le funèbre bois des Corbeaux, les charniers du Mort-Homme... et ce pauvre monticule, cette minuscule verrue qui émerge à peine au-dessus de la ligne froide de l'horizon, c'est Douaumont.... Ce nom, sonore et rebondissant comme un coup de canon, qui remplit l'univers d'une rumeur de gloire ! Douaumont, que je rêvais dressé au milieu des vagues humaines en furie, crachant des flammes et des tonnerres, il a fallu que je fouille minutieusement les lointains avec ma lorgnette pour le découvrir enfin !...

Bien que je fusse préparé à cette déception, je reste tout de même déconcerté par tant d'insignifiance. J'étais venu l'imagination si pleine d'images héroïques et le cœur si gonflé d'émotion que, malgré tous les avertissements, je

ne puis me résoudre à l'insensibilité de cette
nature neutre qui m'irrite....

Soudainement, le temps se gâte tout à fait.
Le ciel, lavé de giboulées, perd son sourire aga-
çant ; il se couvre de lourds nuages, il devient
d'un noir d'encre. Et, maintenant, sur le fond
des collines assombries, je distingue de petites
lueurs rapides, aiguës comme des cris de lumières, craquantes comme des allumettes. Cela,
fiévreusement, crépite, puis s'éteint instantanément. J'en vois luire partout à la fois de ces
petites flammes brèves, sur les crêtes, sur les
pentes, étagées par rangées de quatre ou de six.
Toutes les collines en sont criblées et étincel-
lent de toutes leurs facettes comme si elles
étaient en mica. Ce sont les lueurs des batteries
dissimulées, qui tirent, sans répit, de toutes
parts. A la pleine lumière, je n'avais pu les distinguer.

Mais voici que je suis frappé par un autre phénomène singulier. A gauche, au-dessus de la
Meuse, le soleil, transperçant la voûte des nuages,
projette ses faisceaux lumineux sur une côte
dénudée, qui apparaît seule fantastiquement

éclairée dans le paysage obscurci. Sous ces
clartés d'Apocalypse, cette côte chauve, comme
scalpée, au milieu du pays verdoyant, impres-
sionne. Il plane sur elle je ne sais quoi de maudit
qui épouvante.

Le général nous la nomme : c'est la côte du
Poivre. Sur ce sol nu, partout, par vingt, trente
à la fois, je vois apparaître des boules de fumée,

si denses qu'elles semblent solidifiées comme
des moulages en plâtre. Ce sont les obus qui
éclatent.

Cela n'a pas l'air de tomber. Au contraire,
j'ai l'impression que cela jaillit du sol, sponta-

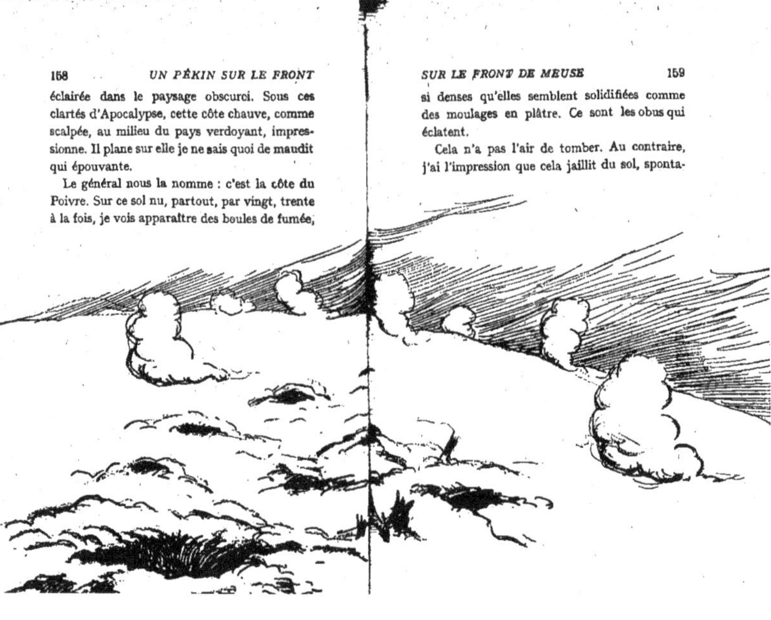

nément. On dirait un champ de choux-fleurs géants, qui éclosent là, comme par enchantement.

Je note, au fur et à mesure, tout ce que je vois, et, en toute sincérité, je ne vois pas autre chose qui dénonce la bataille.

Le peintre de batailles a vécu. Les temps sont révolus des belles batailles rangées, réglées

comme des carrousels. Aujourd'hui, un paysagiste suffirait, et le père Corot ferait mieux qu'Horace Vernet. Le grand artiste Flameng, qui ne manque pas de cran, a peint sur nature et en pleine action les sites où se sont livrés les plus fameux combats de la guerre. Eh bien ! vous ne devineriez jamais que ses aquarelles de tout repos représentent des champs de batailles, si elles n'étaient, de-ci de-là, mouchetées de petits éclats, de petits crachis à la gouache, — couleur sans danger.

En vérité, il ne suffit plus de contempler le panorama d'une bataille moderne. Le drame est dans le bruit épique qui s'en dégage. Quel musicien de génie, ayant assisté à ces terribles fêtes, saura orchestrer d'aussi prodigieuses symphonies ?

Dans la bataille de Verdun, le tumulte atteint au paroxysme. L'homme disparaît. Il semble que ce soit la terre elle-même qui jette ces clameurs de cataclysme. C'est comme une dispute de montagnes qui s'injurient et se répondent avec rage....

Des milliers de canons de tout calibre, les longs, les courts, les légers et les lourds, les obusiers, les mortiers, les crapouillots ; ceux qui sont accroupis dans les tranchées, ceux qui roulent sur d'énormes roues pattues, ceux qui sont montés sur des trucks d'acier ou sur des trains blindés, toute cette artillerie déchaînée tire à la fois à toute volée.

Ces milliers de détonations se cognent aux quatre coins de l'horizon, rebondissent, carambolent furieusement contre les pentes des collines, se renvoyant leurs échos qui roulent et se répercutent à l'infini. Il y a des voix basses, caverneuses, des rauquements brefs et brisants, des sifflements stridents, qui vrillent, des borborygmes graves et profonds.... Tous ces bruits, brassés par le vent, s'entre-choquent, s'émiettent, se pulvérisent et ne forment plus qu'un agglomérat, une synthèse de tumultes, une épaisse brume de canon qu'on n'entend plus, qu'on respire plutôt, qu'on avale, qui vous pénètre et vous secoue jusqu'aux entrailles.....

Mais je m'y habitue peu à peu comme au bruit de la mer.... Et cette fureur exaspérée qui ne se lasse pas me fatigue.... Je me suis levé de si bonne heure.... J'essaye vainement de réagir. Pour m'encourager à plus d'attention j'ai beau me dire : « Mais regarde, regarde ardemment, de tous tes yeux, de toute ton âme : tu vois le champ où se livre la plus formidable bataille de l'histoire du monde !... Auprès de laquelle les plus fameux combats ne furent que des jeux d'enfants.... Regarde ! Emplis tes yeux pour en garder le souvenir à jamais !... » J'ai beau me faire violence, je reste distrait, mon attention ne veut pas se fixer. Il me semble que je suis là depuis des heures.

Je plie mon caoutchouc et m'assois dessus dans l'herbe humide. Machinalement, je cueille des violettes autour de moi et je me laisse bercer par les cris bienheureux des alouettes qui mettent leur petite note de fifre dans ce formidable concert. Malgré moi, je me sens gagné par le sommeil....

Mais il est midi. Nous repartons pour la citadelle

Un déjeuner de Héros

J'ARRIVE au terme de mon voyage ; il ne me reste que peu de chose à dire.

Après la visite au champ de bataille, nos automobiles nous ont ramenés en hâte, et nous voici de nouveau parmi la vie souterraine de la citadelle.

Au sortir de ce vacarme assourdissant, dont j'ai les oreilles encore bourdonnantes comme la conque d'un coquillage, je me plonge avec soulagement dans ce silence opaque, profond.

C'est l'heure du déjeuner, car on déjeune tout de même, malgré la bataille si proche.

Tout le monde est réuni dans une vaste salle où est dressée une longue table en forme de T. Les officiers s'y installent. La table du général est au bout, figurant la barre du T, et c'est là

qu'on a bien voulu nous réserver place. En notre
honneur on a fait les frais d'une nappe, tandis
qu'à la grande table, le repas est servi sur le
bois nu.

L'impression monacale que j'ai ressentie
déjà me reprend, plus forte et plus précise. Cette
grande salle voûtée, faiblement éclairée, évoque
pour moi un réfectoire de monastère. A voir
tous ces hommes en tenue guerrière, dont les
casques et les armes, au-dessus d'eux, sont pendus au mur, à voir cette réunion masculine et
rude autour de cette table austère, servie par
des soldats, je ne puis m'empêcher de penser à
un repas de Templiers. La lumière aigre des
lampes électriques apparaît comme un ana-
chronisme. On s'attendrait à voir la pâle lueur
oscillante des cires ou bien le reflet dansant de
torches fumeuses.

Un soldat artiste a gravé avec goût un menu
décoré d'attributs militaires. Ce détail n'est-il
pas significatif ? Ce souci d'élégance et de tenue, gardé au milieu du formidable drame,
n'est-il pas d'une coquetterie bien française ?

Le déjeuner, fort simple, est d'excellente qua-

lité ; d'ailleurs j'ai grand'faim. Jamais je n'ai mangé de si bon appétit. J'éprouve cette sorte

d'allégresse nerveuse, cette gloutonnerie ani-
male, cet appétit bien classique, dévorant et
impérieux, qui suivent les grandes émotions....
Je me contiens, du reste, car mon impression
est toute personnelle. Il règne au contraire
autour de cette table, je ne dirai pas de la gravité, mais plutôt un sérieux fait de calme, de
résolution. On sent que, chez ces hommes, domine, même aux heures de détente des repas,
un sentiment constant et profond de leur devoir,
de leur responsabilité, de tout le tragique de
l'heure.

De temps à autre, une détonation sourde,
amortie par l'épaisseur de la terre et de la roche,
semblant venir d'un lointain énorme, comme une
secousse sismique, ébranle les voûtes et fait
tinter les verres.

Le déjeuner s'achève. Le général qui préside
se lève. C'est un homme à moustache blanche,
au visage coloré, où l'énergie se tempère d'une
sorte de bienveillance grave, presque pater-
nelle. Il porte à ses hôtes (nous sommes
quatre civils), un toast où il veut bien nous
souhaiter la bienvenue. En quelques mots

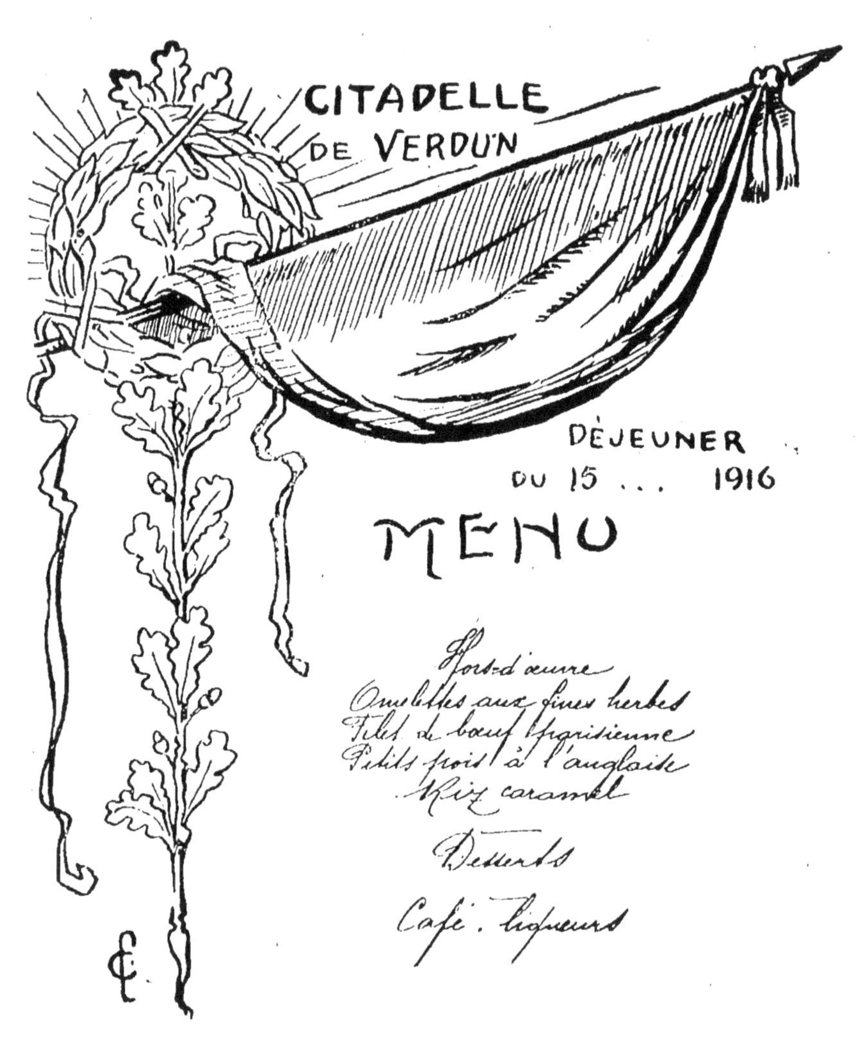

CITADELLE
DE VERDUN
DÉJEUNER
DU 15 ...   1916
MENU
Hors-d'œuvre
Omelettes aux fines herbes
Filet de bœuf parisienne
Petits pois à l'anglaise
Riz caramel
Desserts
Café. Liqueurs

simples, il affirme sa confiance.... Et puis il nous parle de ses soldats. Sa voix tremble un peu d'une émotion qu'il contient avec peine.... Ah ! je voudrais que vous l'entendiez dire : « Mes hommes... » Et, dans la bouche de ce chef, le mot « héros », prononcé à cette heure et dans ce lieu, prend un relief nouveau et toute sa grande signification....

Le plus âgé et le plus qualifié d'entre nous veut lui répondre, mais l'émotion le paralyse, et il ne peut que balbutier quelques mots. Tous, nous levons nos verres et nous buvons à la gloire de l'armée de Verdun.

Notre visite est finie, il est temps de nous retirer. Tout ici est réglé et bref. Nous prenons congé du général et des braves officiers qui l'entourent. Nous partons.

Le retour

Dans notre auto, nous retraversons une dernière fois Verdun, mais cette fois nous passons par les quartiers que le bombardement a épargnés.

Les rues intactes, désertes, avec toutes leurs maisons muettes, aux fenêtres closes, aux boutiques fermées, les volets mis, comme pour un immense deuil, sont encore plus funèbres que les autres. Dans leur désolation solitaire, elles donnent l'impression d'une ville abandonnée, dont les habitants ont tous péri dans une contagion impitoyable.... On songe à ces quartiers maudits, interdits, des cités du moyen âge, que la peste et la mort livraient à la solitude.

Et toujours, sur nos têtes, ce tumulte continu, obsédant, comme un énorme ronflement

d'usine. De temps à autre, des éclatements,
fracassants que prolongent, en queue sinistre,

des grondements lointains d'avalanche.... Ce
sont des maisons qui s'écroulent. Dans le vide
sonore des rues, les pompiers vêtus de cuir,

ruisselants d'eau, infatigables, filent en trombe avec leurs pompes, se hâtant vers quelque incendie allumé par les obus.

Ces bruits effroyables de catastrophe, ces courses précipitées dans cette ville morte... rien n'est plus lugubre.

A toute vitesse nous passons une porte des remparts.

Nous voici sur la route déserte, dans cet isolement effrayant. Sur nos têtes, se dévident en papillotant de fâcheux serpentins dont le sifflement strident, je n'ai aucun embarras à l'avouer, me cause quelque alarme.... Je préfère ne pas y penser et je m'efforce de m'absorber dans l'examen minutieux, et d'ailleurs distrait, d'une carte d'état-major à laquelle je **ne** comprends goutte.

Nous allons d'un train d'enfer, ce qui me rassure en déplaçant mon inquiétude. Oh ! oh ! voici venir vers nous, zigzaguant, fauchant la route, une charrette de ravitaillement, emportée par ses deux chevaux fous d'épouvante, leurs gros yeux hagards, leur poil hirsute hérissé d'horreur. La galopade de panique, à

grosses galoches, de ces lourdes bêtes placides, qui ne vont jamais qu'au pas, a quelque chose d'effarant. Les conducteurs suivent en courant tant qu'ils peuvent.... Mauvais signe !...

En effet, à cent mètres en avant, j'aperçois, barrant le chemin, une espèce d'amas noirâtre, informe. Un brusque coup de volant, une embardée, les roues patinent dans je ne sais quoi de visqueux. Nous avons passé.

J'ai à peine eu le temps de deviner : une voiture et ses deux chevaux écrasés par un obus, dans une flaque de sang bouillonnant, — aplatis, enchevêtrés, des débris de bois et de toile, un affreux magma de ventres ouverts, de poumons rosâtres, d'entrailles violettes, un tas innommable, pantelant, sur lequel frémit encore une pauvre patte rouge, agitée de convulsions tétaniques, et tourne à vide, à moitié disloquée, une roue folle.

Je n'ai pas le temps de me remettre. A côté de nous, sur nous, un éclat fauve et une autre voiture vide qui vient au galop de ses deux chevaux emballés, s'évanouit, volatilisée dans une explosion de fumée noire et une gerbe de sable. Des gravats retombent brutalement sur le plafond de l'auto avec un bruit de terre sur un cercueil, tandis qu'une nappe rouge envahit la chaussée. C'est comme si on avait défoncé là une barrique de sang.... Affreuse vision.... Mais nous sommes déjà loin, hors de portée.

Sur la route, j'aperçois de loin une file de grands camions automobiles qui s'éloignent de Verdun. A travers les bâches entr'ouvertes à l'arrière, je distingue comme des tas de terre.

Nous rattrapons bientôt les voitures. Je vois mieux. Ce que j'avais pris pour des blocs de glaise, ce sont des soldats qui viennent de passer trois jours et trois nuits dans les tranchées de première ligne et qui sont couverts de boue. Bercés par le ronflement du moteur, la plupart dorment, s'étayant mutuellement, la tête des uns reposant sur l'épaule des autres, fraternellement unis dans le sommeil comme dans le danger.

Quelque chose d'auguste plane sur ce repos de héros, sur ces mâles visages encore tout brûlés de la fièvre de l'effroyable lutte....

Pendus tout autour du camion, brinqueballent des casques allemands, trophées du champ de bataille.

Voici d'autres camions. Dans ceux-là, il y a de l'animation. On fume et on chante. Notre passage semble avoir réveillé les soldats.... Au milieu de leur groupe, je crois bien reconnaître des têtes blondasses qui n'ont rien de français...

12

Mais oui !... Je ne me suis pas trompé.... Ce sont bien des prisonniers allemands qu'on laisse nos soldats conduire eux-mêmes à l'arrière. Les poilus en semblent tout fiers et nous les montrent d'un geste, comme si c'étaient des bêtes curieuses qu'ils auraient capturées. Ils semblent d'ailleurs enchantés de leur sort actuel, ces Allemands, et sourient béatement.

Un loustic soulève, à l'un d'eux, son calot en lui faisant faire : « Bonjour, bonjour, » comme aux petits enfants, pendant qu'un autre poilu, debout sur le marchepied de l'espèce de grande tapissière où ils sont entassés, nous crie, avec le plus pur accent de Pantruche :

« En route pour Longchamps ! »

Le soir, j'étais à Paris... avec l'impression que mon voyage d'un jour au pays des héros avait duré des mois....

VII

SŒUR

GABRIELLE

VII

SŒUR GABRIELLE

L'officier qui veut bien guider notre petite caravane nous a dit ce matin : « Il ne faut pas passer à Clermont-d'Argonne sans aller faire une visite à sœur Gabrielle. C'est une vaillante femme, un beau type de Française : elle vous intéressera. Restée seule avec sa petite communauté dans la ville abandonnée par tous les habitants, fuyant devant les hordes du kronprinz, elle a su en imposer aux chefs allemands par sa ferme attitude et leur a tenu tête. Elle a ainsi sauvé de l'incendie et du pillage l'hos-

pice de vieillards qu'elle dirige et où elle a soigné, depuis, avec un dévouement inlassable, plus de huit cents soldats français, blessés en février aux attaques de Vauquois.

Accepté d'enthousiasme! Allons voir la brave sœur Gabrielle.

De loin, Clermont-d'Argonne nous apparaît comme une pittoresque petite ville, dominée par sa vieille église gothique, bâtie sur une éminence, et qu'ombragent de grands arbres vénérables.... Mais, de près, ce n'est plus en réalité qu'un monceau de ruines calcinées. La plus grande partie des maisons sont écroulées et brûlées,—brûlée aussi, hélas! et dévastée comme sa grande sœur la cathédrale de Reims, la charmante petite église ! Les vieux arbres qui l'entourent semblent la veiller et cachent de leur mieux ses blessures.

La sœur tourière nous introduit dans la petite cour enclose du couvent.

« Notre mère, nous dit-elle, est occupée en ce moment, mais elle ne tardera pas à venir. »

Des colombes effarouchées s'envolent

sur les toits ; des blancheurs de cornettes apparaissent derrière les vitres des fenêtres : on dirait
que des anges passent.... Le long du mur, une
cloche recueillie attend patiemment l'*angelus*.
Dans un coin, un houx énorme, trois fois cen-
tenaire pour le moins, constellé de ses mille
petites boules rouges, ressemble à un arbre de
Noël. Un léger arome de tisane flotte dans l'air
candide, et on a sur les lèvres comme la fraî-
cheur d'une pastille de menthe....

Bientôt une porte s'ouvre ; nous entendons
à la cantonade une voix décidée de maîtresse
femme donnant des ordres rapides.... Et dans
un actif cliquetis de clefs et de chapelet, sœur
Gabrielle vient vers nous.

Elle est jeune pour une supérieure et porte la
coiffe de l'ordre de Saint-Vincent de Paul, ces
grandes ailes blanches qui mettent, en se pen-
chant sur les lits douloureux, comme une ombre apaisante de purs rideaux de lin.

« Bonjour, messieurs. Entrez, je vous en
prie, dans le parloir. »

Nous sommes là deux officiers et quatre journalistes, et nous hésitons devant le parquet

immaculé, les yeux désolés et confus, baissés vers nos gros souliers et nos jambières qui ne sont plus que des bottes de boue ; car nous avons passé la matinée dans les tranchées.

« Oh ! ma sœur, vraiment non ; ce serait un sacrilège ! »

Mais la bonne sœur nous bouscule et nous pousse :

« Allons, allons, entrez ; nous sommes en guerre ! »

Brouhaha.... On dérange le pensionnat des chaises bien sages rangées le long des quatre murs blanchis, et nous voici, le stylo au bout des doigts, tout oreilles, assis autour de la sœur.

« Je vois ça. Vous désirez, messieurs, que je vous raconte comment ma chère maison a échappé à l'incendie. Je suis un peu pressée, car ça va être l'heure du repas de mes vieux. Mais tout de même, puisque vous avez pris la peine de venir de si loin, je vais vous contenter. Voici : Les troupes françaises, sous la pression des Allemands, ont dû abandonner Clermont le 4 septembre. Tous les habitants et même le maire (je l'excuse, car c'est un vieil homme très fatigué et qui s'était beaucoup surmené pendant la mobilisation) avaient quitté la ville. Les autorités militaires françaises vinrent me prévenir que je devais sur-le-champ partir aussi. J'ai demandé : Pouvez-vous faire évacuer les vieillards dont j'ai la charge ? Je ne partirai pas sans eux.

« Malheureusement, cela n'avait pas été prévu. Je suis donc restée seule avec mes sœurs à mon poste.

« Je fis alors un petit tour dans la ville déserte. Les dernières troupes françaises venaient de passer. Les rues étaient vides. Seul, couché sur le sol, un malheureux petit fantassin gisait, pâle, pâle, presque inanimé. « Mon pauvre petit, « lui ai-je dit, il faut te lever et suivre tes cama- « rades. Les Allemands vont arriver et ils te « tueront. » Mais il était épuisé par la dysenterie ; il n'en pouvait plus. Il me répondit d'une voix mourante : « Qu'ils me tuent, s'ils veulent, je suis à bout de forces ».

« Alors, je l'ai porté comme j'ai pu jusqu'à l'hospice. Mais où le mettre ? Le pauvre petit me disait : « Couchez-moi dans le dortoir ; vous « direz que je suis un de vos vieux. » Voyez-vous ça ! Avec cette pauvre figure d'enfant ! Je me disais : « Si ces maudits Allemands le découvrent, « ils vont tout massacrer. » Alors, j'ai eu une idée ! Je lui ai arrangé un lit dans un petit cabinet à part, et j'ai accroché sur la porte une belle pancarte où j'ai écrit en grosses lettres : *Contagieux.* Que le bon Dieu me pardonne ce petit mensonge !

« Voilà que les premiers obus allemands éclatent. Bientôt c'est un terrible bombardement, tout s'écroule partout. Mes pauvres vieux

étaient fous de peur. Aidée de mes sœurs, je les descends à la cave et je les installe tant bien que mal sur des matelas. Nous avons passé là de pénibles moments à la lueur d'une lampe pigeon.

« Enfin, vers cinq heures du matin, le bombardement cesse et j'entends un bruit cadencé de grosses bottes : c'était l'infanterie allemande qui arrivait ; puis des fourgons, des caissons, et des canons, et des canons !

« Que faire ? Je ne sais pas un mot d'allemand. Je me dis : « Ils ne comprendront pas un « mot de ce que je vais leur dire, si je leur parle. » Je suis Auvergnate, messieurs ! »

Nous ne pouvons nous empêcher de sourire. Bravo, ma sœur, vous ne faites pas mentir la légende : « A moi, d'Auvergne, ce sont les ennemis ! »

Toute à son récit, la bonne sœur reprend vivement :

« Qu'est-ce que je fais ? J'écris bien lisiblement, sur un papier, à peu près cela : *Messieurs, je suis restée ici, avec mes sœurs, auprès des vieillards infirmes dont j'ai la garde. J'ai des lits. Comme me le commandent les lois de la*

*guerre et les préceptes de ma religion, je soignerai
vos blessés avec un entier dévouement ; épargnez
la ville et mon couvent. Je m'en rapporte à votre
dignité de soldats.*

« Il n'était que temps. De violents coups de
crosse ébranlent la porte, qui cède et s'abat,
et je me trouve face à face avec trois grands
officiers allemands qui braquent sur moi leurs
revolvers. Je tends mon papier à celui du milieu. Il met son monocle et lit attentivement
pendant que les autres me tiennent en joue. Puis
il me dit, en mauvais français :

« Où est le bourgmestre ?

— Il est parti.

— Où est le pasteur ?

— Il est parti.

— Tout le monde est parti. Alors, on nous
prend pour des barbares ! On s'en repentira.
Vous, brave ; votre maison sera respectée. »

« Alors, d'un geste, je relève les canons
des pistolets, et je lui dis fermement :

« Il faut que vous me donniez votre parole
d'honneur que vous épargnerez aussi la ville.

« Il répond : « C'est bien », et il demande à

visiter l'hospice. Quand il voit le dortoir, dont
les lits étaient vides (les vieux étaient toujours
à la cave), il dit : « Il me faut ces lits ». Je lui
fais observer que ce sont les lits de mes vieux et
que je les garde pour eux. Mais il me répond
brutalement : « Les vieux, ça n'existe pas en
« temps de guerre. Capout ! les vieux ! » Mais
il avait affaire à forte partie. Je me débats et,
pour le décider, je lui promets les soixante-dix
autres lits de l'hôpital pour ses blessés. Il me
demande si je n'ai pas caché chez moi des soldats français. Je lui réponds : « J'en ai un »,
et je le conduis devant la chambre où est couché
mon pauvre petit fantassin, bien tremblante,
vous pensez. Je lui montre la pancarte : *Con-*
tagieux, en lui disant : « Fièvre typhoïde. » Ils
parlent entre eux;
j'entends plusieurs
fois le mot typhus...
et ils n'insistent
pas. Je respire et
je rends grâce à
Dieu. »

Très intéressés à

ce petit soldat, nous demandons ce qu'il est devenu.

« Oh ! il a guéri et, quand les Français sont revenus, il est parti.

« Bientôt, les blessés allemands arrivent à pleines charrettes. Je les installe partout, dans toutes les salles libres.

« Mais voici que, vers dix heures, le feu éclate dans la ville, toutes les maisons brûlent et notre couvent est entouré de flammes. La chaleur est tellement intense que les vitres de nos fenêtres éclatent. Je cours vers le colonel (j'ai appris depuis que l'officier à qui j'avais parlé était colonel). Je lui dis, indignée : « Monsieur, « la parole d'honneur pour un soldat français « est une chose sacrée ; que vaut donc la parole « d'un officier allemand ? » Oh ! cela l'a touché. Il me répond, visiblement troublé, que c'est un feu de cheminée qui a provoqué l'incendie d'une maison. Ce n'était pas vrai : l'incendie avait été allumé et propagé par ordre. Mais je lui fais toucher les murs de notre maison qui sont brûlants. Alors, il a peur pour ses blessés, et il envoie chercher une escouade de sapeurs, car les pompes de la ville étaient détruites.

« Toute la nuit, ces sapeurs ont arrosé les murs et ainsi notre cher couvent a pu échapper à l'incendie. »

Nous entendons tinter la cloche de l'*angelus*.

Il est midi.

La sœur Gabrielle se lève, nous nous apprêtons à prendre congé. Mais l'un de nous désire poser encore quelques questions à la sœur.

« Comment se sont comportés les soldats allemands vis-à-vis de vous ?

— Eh bien ! messieurs, il faut être juste, ils étaient polis. Chaque fois qu'une de nos sœurs passait devant eux, ils s'effaçaient et faisaient le salut militaire. »

Ainsi, le charme angélique de ces saintes femmes agissait sur ces bêtes féroces, et ce fut le miracle renouvelé de sainte Blandine.

« Mais, reprend sœur Gabrielle, ils étaient gourmands et avaient un appétit vorace. Figurez-vous qu'après m'avoir pris mes poules et mes lapins, ces misérables s'apprêtaient tout

simplement à égorger mes cochons, les cochons
de mes vieux !

« Ah ! pour le coup, j'ai éclaté ; je leur ai
déclaré tout net qu'ils me tueraient avant
mes cochons. Eh bien ! je les ai sauvés aussi !

« Enfin, le 13, ils fuyaient devant les Français vainqueurs.

« Avec quelle joie j'ai vu revenir dans notre pauvre Clermont dévasté les premiers pantalons rouges... je pleurais de joie ! »

Et comme, très émus, nous félicitions sœur Gabrielle de son courage intrépide, elle nous a dit simplement, ses yeux brillants, soudainement baissés :

« Je suis heureuse d'avoir pu, avec l'aide de Dieu, conserver cet hospice à la municipalité. Seulement, messieurs, en échange de mon petit récit, je voudrais vous demander uue petite faveur.

« Les Allemands ont été chassés ; mais les rats les ont remplacés. Oui, nous sommes littéralement dévorés par les rats. Dites à Paris qu'on nous rendrait un grand service en nous envoyant quelques petits chiens ratiers. »

Voilà qui est fait, ma sœur.

h

VIII

LES FAUX-FUYARDS

VIII

LES FAUX-FUYARDS

OSERAI-JE me risquer dans la jungle de M. Clemenceau et ramasser quelques miettes tombées du repas du tigre ? C'est que, depuis qu'il m'a été donné de voir nos admirables soldats à l'œuvre, là-bas, il faut que je croque à mon tour quelques embusqués : c'est plus fort que moi !

Mais il importe de garder de la mesure sur ce sujet épineux, et de ne pas tomber dans l'*embusquomanie*. Car il serait absurde de croire que tous les hommes jeunes et valides qu'on rencontre dans les villes sont des embusqués.

Par ordre du ministre, ils ont été vigoureusement traqués et poussés en masse dans les tranchées.

Mais en dépit de cette œuvre de justice nécessaire, qui se poursuit prudente et inlassable, quelques sinistres roublards restent encore tapis dans leurs trous, rassurés par ce qu'ils prennent pour de l'oubli, de l'indifférence, et qui n'est que le mépris public.

Ils ne sont pas légion, c'est entendu. Mais ils sont encore trop nombreux.

Les embusqués authentifiés qui sont surpris en flagrant délit de désertion, oui, de désertion, on se contente de les expédier au front, dans les rangs de nos héros. C'est trop d'honneur ! Il conviendrait d'abord de les marquer d'infamie. Il y a dans leur cas toute la différence qui sépare la lâcheté de la peur. La peur est un phénomène physique que subissent parfois, sous la mitraille ou les gaz asphyxiants, même les plus braves ; on peut l'excuser. On ne pardonnera pas la lâcheté de l'embusqué, qui est un acte bas, réfléchi, prémédité.

Dans l'existence courante, nous étions habitués à juger avec indulgence ces tours de faveur, ces passe-droits, toutes les petites iniquités du favoritisme. En temps de paix, les débrouillards, les pistonnés qui se livraient au

régiment à ces petites manœuvres, étaient dé-
signés par des qualificatifs anodins : on les
appelait, en argot de caserne, des *fricoteurs*,
des *tireurs au flanc*, le légendaire *tire au flanc*
qui nous a fait rire trois saisons. Mais en temps
de guerre, fini de rire. Ces manigances, ces tri-
chéries, empruntent à la gravité de l'heure, à
la grandeur du devoir qui s'impose à tous, une
toute autre portée.

Oh ! je sais, la maman trop sensible, l'épouse
trop éprise ont intrigué au dernier moment
On a des relations. Que voulez-vous ? On s'est
arrangé ; c'est la vie ! c'est la vôtre surtout,
Jeune homme, que vous mettez à l'abri. Mais
celle du père de famille qui part à votre place
y pensez-vous ? C'est qu'à cette heure tragique
partir, c'est plus que jamais mourir un peu....

Quand on a vu le pays se dresser tout entier
devant l'envahisseur avec un élan tel qu'il faut
drait après la victoire élever la statue d'un
peuple et décorer toute une race, qu'importent
ces quelques déchets ? Nous sommes assez
riches en héroïsme pour ne pas hésiter à dé-
noncer et à flétrir ouvertement cette infime mi-

norité qu'un rigoureux contre-appel va mettre
à l'alignement.

Ce n'est pas, d'ailleurs, au nom des soldats
qui se battent qu'il faut réclamer. Eux, au fond
de leurs tranchées, ne voient que l'ennemi et
ignorent les petites vilenies qui se commettent
dans leur dos. C'est au nom de toutes les femmes, veuves, mères, épouses qui donnent chaque jour l'exemple de la plus haute abnégation.

A Paris, ces derniers rescapés de la circulaire
Millerand se cachent aisément dans la foule,
mais en province ils sont repérés. J'ai eu récem-
ment l'occasion de traverser la France et, chaque
fois que je me suis arrêté dans nos villes, en partie dépeuplées, j'ai constaté ces exceptions scan-
daleuses qui s'imposent au regard le moins

prévenu. Assis à la terrasse des cafés,
j'ai pu observer à loisir divers types,
tous jeunes ou encore jeunes, bien vivants, bons vivants même au champ du
déshonneur.

D'abord, l'embusqué inconscient, ou du
moins qui s'est arrangé une bonne petite
conscience complaisante. Il estime qu'il

aurait fait un très mauvais soldat et qu'il ap-
porte, en somme, sa modeste part à la défense
nationale en accomplissant régulièrement sa be-
sogne de bureau. Il arrive au café trottinant à
petits pas feutrés, chaussé de souliers tendres
en veau mégis, bien à l'aise dans l'ampleur
d'une espèce de robe de chambre bleu horizon ou pelotonné dans une douillette pèlerine
en laine des Pyrénées, s'assoit, en habitué,
bien confortablement sur son fond de culotte
affaissé par le cul de plomb et lustré par le
rond de cuir, et là, attendrissant de quiétude,
assez content de lui, il savoure un bon petit
communiqué-grenadine.

Autre variété de l'espèce : l'embusqué rou-
blard. Moins rassuré que le
précédent, il essaye de donner le change, dissimulant
sa vraie physionomie der-
rière une barbe étonnam-
ment drue, comme poussée
trop vite en une nuit dans
une forcerie, une barbe in-
quiétante ajustée sur sa fi-

gure poupine comme une barbe de
poupée habillée en sapeur. Chaussé
de croquenots soigneusement crot-
tés, affublé d'une sordide culotte en
velours de terrassier et d'une capote, travaillée aux produits chimi-
ques, enduite d'une terrible patine
de guerre, il s'applique, camouflé de
la sorte en faux poilu, à traîner un
peu la jambe, s'appuyant volontiers
sur une canne caoutchoutée.

Puis voici l'embusqué honteux
qui a des remords. L'œil fuyant
derrière un lorgnon, le teint brouillé d'insomnie, mal rasé avec des
cheveux trop longs, des cheveux de cancre sous
un képi de collégien, il frôle les murs, la tête
basse, et se glisse furtivement dans le coin le
plus obscur du café.

Mais le plus beau, c'est l'embusqué convain-
cu, qui, par auto-suggestion, finit par croire
que c'est arrivé, qu'il est vraiment un *soldat*.
Toujours en mouvement, il arrive sur une terrible torpédo badigeonnée en gris canon et

s'arrête à la terrasse dans un tonnerre d'échappement libre. Muni des ultimes perfectionnements, de tous les accessoires de campagne énumérés dans les prospectus, article-réclame pour étalage de fournisseurs spécialistes, pièce d'exposition hors concours, c'est un prodige d'équipement !

Depuis les premiers jours de la mobilisation, il a changé pour le moins six fois de tenue suivant scrupuleusement tous les progrès d'invisibilité réalisés jusqu'à ce jour par les uniformes successivement adoptés. Bleu des pieds à la tête, presque jusqu'à la barbe, il a parcouru dans de fols arpèges, toute la gamme des bleus, tour à tour en bleu horizon, en bleu paon, en bleu pervenche, en bleu turquoise, en bleu Danube.... Hormis le bleu de Prusse, bien entendu !

Coiffé d'un képi en pégamoïd, il a les jambes moulées dans les spirales de

bandes molletières impeccables. Sur sa vareuse extensible, de coupe anglaise, exclusivement composée de poches à soufflet, vides d'ailleurs, se croisent, s'entrecroisent dans tous les sens toutes les variétés connues de buffleteries. Tout ce harnois de guerre est armaturé de crochets, de mousquetons, d'où pend un incroyable arsenal de gourdes, de cartes de géographie, de lorgnettes, de périscopes, de cartouchières, d'étuis de revolver bourrés de paquets de tabac comme une blague !

De vagues emblèmes, on ne sait quels hiéroglyphes brodés or ou argent sur son collet, un brassard de conducteur de cotillon qui lui enrubanne le bras, complètent la toilette de ce parfait mannequin pour couturier militaire, de ce *foudre de la rue de la Paix !*

Je riais, mais voilà que devant cet officier miracle, à la mine fleurie, aux cheveux brillantinés, tout craquant de cuir neuf, vient à passer, flottant dans une vieille capote vert-de-grisée, un brave territorial éclopé. Il n'a que le temps de rassembler ses béquilles, et, raidi, à l'ordon-

14.

nance, il salue cette panoplie vivante du seul bras qui lui reste.

Verrons-nous après ça se réveiller ces consciences endormies, ou faudra-t-il, transposant l'appel désormais légendaire du héros des tranchées, crier à tous ces faux-fuyards : « Debout les morts... de peur ! »

IX

UN APRÈS-MIDI
EN RUSSIE . . .

IX

UN APRÈS-MIDI EN RUSSIE

J'AI voulu voir, au front, les soldats russes qui sont venus combattre aux côtés des nôtres.

Comme vous le savez, après avoir achevé leur période d'instruction, ils ont quitté le camp de Mailly. Ils sont maintenant sur la ligne de feu, prêts à « monter » aux tranchées.

M. de Weniawski, le distingué délégué de la Croix-Rouge russe, a bien voulu m'emmener avec lui dans son auto, et je surprends nos braves alliés en pleine installation dans leurs nouveaux cantonnements.

Il y a, dans tout le camp, grande animation.

Tout de suite, je suis saisi par le pittoresque, très nouveau pour moi, du tableau. Ce n'est pas la première fois, vous le pensez bien, que

je vois des Russes, mais tous ceux que j'ai connus jusqu'ici étaient des Russes très « cuir de Russie », tout ce qu'il y a de plus « Ritz », pas Kremlin pour un copeck….Ceux qui m'apparaissent ici sont bien des Russes pour tout de bon, d'authentiques moujiks de Gogol et de Tolstoï, des Russes de la sainte et mystérieuse Russie, les héros de Czernowitz et de Trébizonde.

Ce coin de France n'a plus rien de français. Me voici, après deux heures de promenade en auto, plongé comme par enchantement au plus profond de la Russie.

Figurez-vous une sorte de grand village, tout entier composé de baraques en bois fruste, marquées de caractères russes et ornées de petites icones polychromées. C'est ainsi que je m'imagine à peu près les « isbas ».

Dans les longues avenues qui séparent les rangées de baraques, devant les portes, c'est un fourmillement d'hommes à la stature athlétique. Presque tous sont grands et quelques-uns de vrais géants. Larges d'épaules, étroits des hanches, ils ont le torse couvert de minces blouses en coutil que tendent et gonflent les

muscles de leurs bras et de leur poitrine. Ces blouses, très courtes et serrées à la taille par un ceinturon, raccourcissent leur buste et leur font les jambes plus longues. Leurs culottes presque collantes sont enfoncées dans des bottes de cuir souple et suiffé Ainsi court vêtus, ils ont la sveltesse robuste, l'allure calme et puissante, le pas huilé des grands lévriers de l'Oural. Ils tanguent en marchant, déjà un peu asiatiques, plus lents, moins nerveux que nos hommes. Mais qu'un officier vienne à passer, par rangées, ces soldats, d'apparence nonchalante, instantanément se dressent, la main au casque ; tendus, la tête en avant, ils gardent une immobilité figée, suivant leur chef de leurs yeux fixes, comme fascinés, jusqu'à ce qu'il leur fasse un signe de repos.

Ce sont des hommes jeunes, et

beaucoup sont imberbes. Sur leur teint fortement
hâlé, leurs cheveux blonds et leurs yeux gris, un
peu retroussés à la mongole, apparaissent plus
clairs. Quelques-uns sont encore coiffés de leur casquette nationale, mais presque tous portent notre
bourguignotte, ornée de l'aigle russe, et peinte
en brun, du même brun verdâtre que leur uniforme, teinte neutre, couleur de terre ou de
tronc d'arbre.

Ils vont et viennent, toujours de leur pas
élastique et sans hâte, faisant des corvées, portant des pains ou des provisions ; d'autres, accroupis sur le pas des portes, fourbissent leurs
armes en chantant à plusieurs voix, avec un
art instinctif et un sens profond de la musique,
de tristes mélopées, des complaintes tra'nantes
et sauvages, où se reflète le charme nostalgique
de l'âme slave. De temps à autre, le canon ponc-
tue leurs chants de sa note grave et rappelle
que le front est tout proche....

Un groupe entoure deux danseurs qui, aux
accents précipités et essoufflés d'un accordéon,
une main à la hanche et l'autre derrière la
tête tournent, se renversent, s'accroupissent,

rebondissent, selon un rythme toujours accéléré, avec une grâce primitive et violente. Leur
figure reste impassible, presque endormie, les
yeux baissés, pendant que leurs pieds frap-

pent le sol en cadence, faisant voler la poussière dans un tourbillon de bottes frénétiques.
. Pendant que mon aimable guide inspecte

ses ambulances, je reste seul civil au milieu de tous ces soldats qui me dévisagent avec des yeux naïfs et amusés. On voit que, sous leur aspect assez terrible, ce ne sont que de grands enfants. Nous nous sourions, un peu niaisement, ne pouvant rien nous dire. Le seul mot russe que je connaisse c'est *nitchevo*, insuffisant pour entretenir une conversation.

Parmi eux j'aperçois quelques petits soldats en miniature, casqués, habillés comme les grands, avec de petites cartouchières et de mignons petits fusils. Ils sont impayables avec leur grand air sérieux. Il paraît que ce sont des orphelins que les régiments adoptent et emmènent avec eux. Ils restent généralement au camp, mais quelques-uns, cependant, vont aux tranchées et savent fort bien manœuvrer une mitrailleuse.

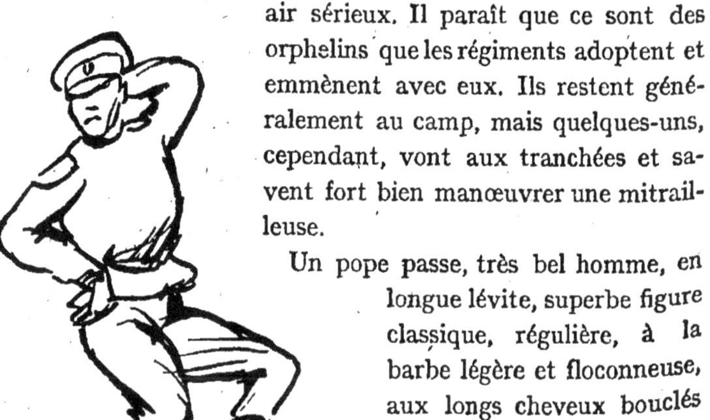

Un pope passe, très bel homme, en longue lévite, superbe figure classique, régulière, à la barbe légère et floconneuse, aux longs cheveux bouclés

sous un chapeau mou et fendu. On dirait un Christ en civil.

Ah ! voici le barbier... singulière façon de raser. L'opérateur tient par le menton le patient qui reste debout, et, en deux tours de main, il est expédié. Au premier de ces messieurs !

Pour achever de me dépayser, des fumets de cuisine exotique, de je ne sais quel *tchi*, que là-bas, sous les arbres, préparent des cuistots moujiks, des aromes de thé qui fume dans de grandes cuves embaument l'air. Je suis imprégné d'une atmosphère tout à fait russe.... Des impressions d'enfance, des bouffées de « Bibliothèque Rose»me reviennent....et le *Général Dourakine* charme mon souvenir.... Je suis à mille lieues de la France....

Tout à coup, au lointain, au bout de la large route que bordent les « isbas » du camp, retentissent d'allègres sonneries.... Il n'y a pas à s'y tromper : ce sont des clairons français.... Oui ! oui ! je le distingue là-bas, très loin encore, c'est un bataillon de chasseurs qui arrive à l'improviste et va traverser le camp.

Tous les Russes dressent la tête. Les danseurs s'arrêtent, une botte en l'air, les corvées s'interrompent, le pope passe la main dans ses cheveux, les chanteurs font silence et les clairons français aussi, là-bas, au bout de la route, se taisent.... Quoi ? Qu'y a-t-il ? C'est une attente générale.

M. de Wieniawski me rejoint vivement. Il paraît que le colonel russe, prévenu de l'approche de nos troupes, a fait prier le commandant français de bien vouloir attendre un moment avant de traverser le camp....

Des ordres en russe retentissent partout. Des estafettes courent dans toutes les directions. Les soldats en foule rentrent en hâte dans les baraquements. Ils en sortent armés de leurs fusils ; ils se rassemblent sous la direction des officiers et vont se ranger en deux lignes, de chaque côté de la route, qu'ils bordent ainsi de deux immenses grilles de baïonnettes. C'est l'affaire d'un instant.

Bravo ! quelle chance !

Je devine que quelque chose de sensationnel s'improvise, et que je vais assister à un spectacle magnifique.

Les Chasseurs acclamés par les Russes

Sur l'avenue maintenant vide, solennelle, entre les deux rangées de soldats russes qui présentent les armes, le colonel Netchvolodof, suivi de tout l'Etat-Major, s'avance vers le bataillon français.

Le commandant des chasseurs vient au-devant. C'est le commandant B... R..., magnifique type d'offi-

cier français, droit comme une épée, figure vaillante, comme brûlée de volonté ardente, fortement passée au hâle des batailles, qu'éclairent des yeux de feu et des moustaches blondes, énergiques, qui lui mettent deux flammes sous le nez.... Trois croix et un seul bras, à la Gouraud. Le colonel Netchvolodof, un colosse blond à carrure terrible, la croix de Saint-Georges accrochée à sa robuste encolure, sa tête puissante, à la physionomie sympathique et fine, coiffée crânement sur l'oreille de la casquette plate. Les deux chefs se nomment et, chaleureusement, se serrent la main.

Puis le colonel, remontant l'avenue entre les deux rangées de ses soldats, tout en marchant et en regardant fièrement à droite et à gauche, leur fait en russe une rude et courte harangue. Elle m'a été traduite plus tard, et en voici littéralement le sens :

« Mes petits frères, vos camarades français
vont défiler devant vous ! Regardez-les bien, ce
sont vos modèles. Vous saluerez leur brave commandant. Il n'a plus qu'un bras, il a donné
l'autre à sa Patrie. Comme lui, vous verserez
votre sang pour la France ! »

Le colonel, lentement, rejoint l'État-Major....
Il y a un instant d'attente, d'immobilité....Dans
ce silence impressionnant on entend mieux les
coups espacés du canon.... On dirait qu'un cortège royal va passer....

Alors, se tournant vers ses hommes qui piaf-
fent, l'arme au pied, crispés d'impatience,
frémissants, le jarret tendu, le commandant
B... R..., du seul bras qui lui reste, lève son
épée.... En avant !

Instantanément, avec un brio éperdu, dix
clairons, brandis à bout de bras, décrivent dans
l'air un double tour, mettant, au-dessus de la
houle des casques mats, dix soleils tourbillon-
nants. Et le bataillon, d'un même élan, d'un
seul coup de talon, s'arrache du sol et s'élance,
au pas accéléré des chasseurs, dans un fracas
de tous ses cuivres.

15.

Ce qui se passe alors défie toute description.

En tête marche le colonel Netchvolodof et, à son côté, le commandant B... R..., suivi de tout l'Etat-Major russe, en rang, sabre au clair. Derrière eux, les clairons et la fanfare, pas de bois, rien que des cuivres et la petite caisse plate, la « caisse claire ». Puis les braves petits vitriers (c'est un bataillon de la jeune classe)

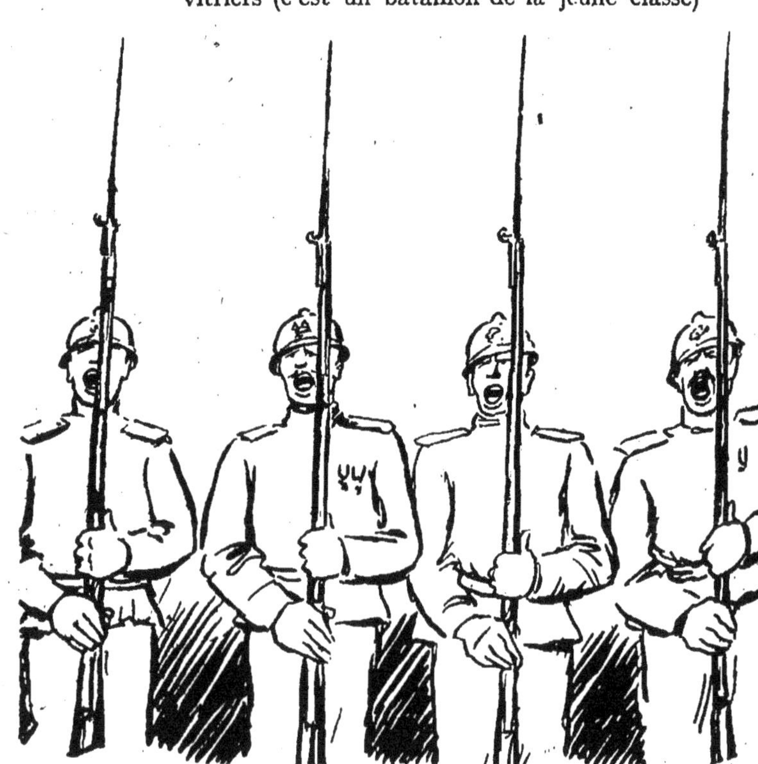

si fiers de montrer aux grands frères du Nord comment savent défiler les chasseurs français.

Les Russes d'abord semblent surpris par cette allure rapide, si différente du rythme balancé de leur marche. Mais bientôt, ils sont pris, électrisés par cette *furia* française.... Et, tout à coup, des deux côtés de la route, à perte de vue, éclatent, rugis à plein cœur, à pleine poitrine,

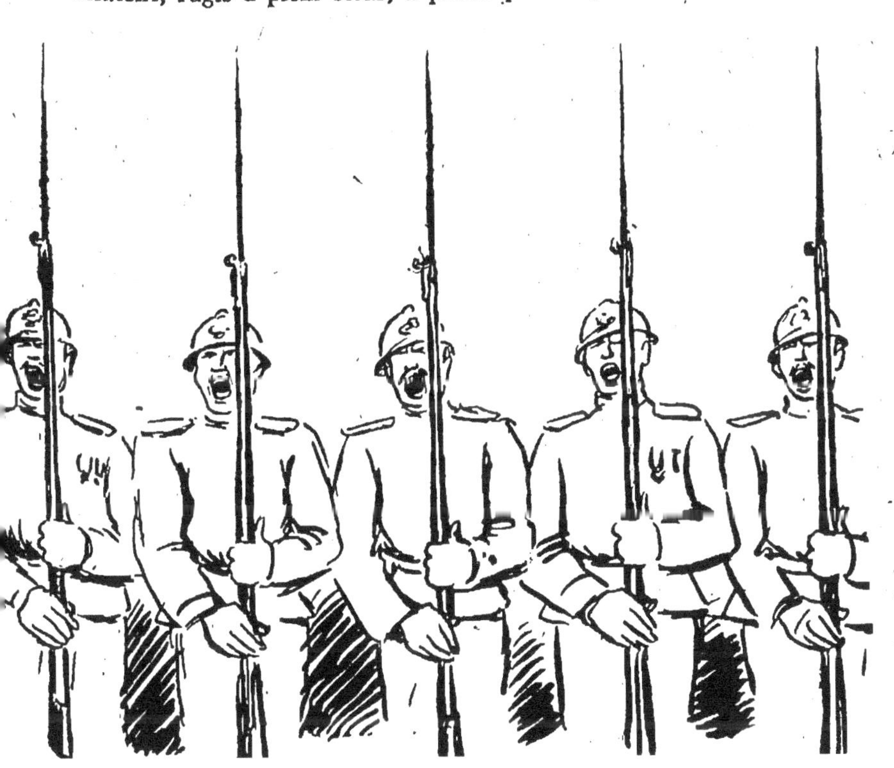

répercutés par tous les échos du camp, de formidables hourras.

Dans ce subit accès d'enthousiasme où leur âme s'élance, les Russes restent immobiles, figés comme des hommes de bronze. Ces statues qui crient, ce délire sans gestes, rien n'est plus impressionnant. Sur toute la longueur des lignes pas une baïonnette n'a frissonné. Seules, les têtes farouchement levées, où on ne voit que des bouches grandes ouvertes, des bouches jeunes, à dents blanches, qui clament sans arrêt, tournent lentement sur les épaules fixes, suivant de leurs yeux émerveillés, tant qu'ils sont en vue, les soldats de France qui passent....

Alors, grisés, enlevés par cette ovation inattendue, les petits chasseurs deviennent fous.

Leur pas précipité s'accélère encore jusqu'à la frénésie. Ils ne sentent plus le poids de leurs gros croquenots poussiéreux. Comme chaussés d'escarpins, ils pincent le sol, ils ne touchent plus terre : ils semblent voler. L'arme au bras, cambrés, rayon-

nants, ils brûlent le terrain de leur petit pas
rageur, contenu, bridé par la cadence, au milieu de cette voie triomphale, bordée d'une
double haie d'acclamations.

L'instant est sublime. Il faut penser que ces
jeunes hommes russes ont fait presque le
tour de la terre, bravant toutes les fatigues et
tous les périls, pour atteindre ce petit coin de
France et y retrouver leurs frères d'armes. J'as-
siste à leur premier contact sur le front. C'est
beau et grand comme une transfusion du sang.
Ces soldats qui acclament d'autres soldats,
ces deux armées, unies jusqu'à la mort pour
une cause sacrée, qui se saluent de cris déli-
rants et se donnent l'accolade, face à l'ennemi, au son du canon, quel symbole, quelle
promesse !...

A mesure que le bataillon avance, autour de
lui les hourras jaillissent plus violents, plus déchaînés, en longue traînée mugissante. Quelles
voix ! Voix profondes, voix de géants, belles
comme la voix splendide de Chaliapine. J'en ai
la chair de poule, je me sens remué jusqu'aux

entrailles. Par moment la clameur est si puissante, si dense, qu'elle couvre presque le fracas perçant de la musique.... Ah ! pourtant ils en mettent, les petits gas ! Moi, qui marche en bordure, juste sous le vent des clairons, j'en reçois sur la joue la vibration, claquante comme une gifle. L'air en est tout cuivré, et j'en ai les oreilles éblouies, si j'ose dire.

Enveloppé, entraîné dans ce torrent, je me suis mêlé au défilé, malencontreux comme un chien égaré dans un cortège. Haletant, tête nue, pour avoir moins l'air d'un pékin, je marche en cadence, la canne au port d'armes, tout à fait parti pour la gloire... un vieux gosse de Poulbot ! Machinalement j'essuie mes yeux humides, avec ma casquette en tampon, pétrie dans ma main crispée. Je marche à reculons, regardant goulûment, ne voulant rien perdre...

Ah ! ces clairons, quelle fantasia ! Ils pirouettent tous à la fois, pavillons en l'air, dans un moulinet fulgurant, puis, d'un coup sec, ramenés vivement sur la bouche, scellée par l'embouchure, ils s'y incrustent comme un cachet dans de la cire. Ah ! quel souffle jaillit des joues cra-

moisies, sans yeux, gonflées à craquer, à faire
péter les jugulaires ! Quel est le clairon inspiré
qui, un beau jour de revue, trouva ce geste
claironnant, d'une crânerie si française, ce
geste tricolore, ces ronds de bras qui semblent
mouler en l'air un mirifique paraphe de sergent-
major ? Derrière eux, le chef de musique bat
la mesure des pieds, des mains, de tout son être
en transe, chiquant son air de marche à grands
coups de mâchoire, face à ses cuivres qui font
rage.

Et les troupiers, donc ! Quelle foi dans leurs
figures enflammées, dans leurs jeunes yeux
illuminés. Ah ! ils en mettent, eux aussi, je
vous en réponds ! Ils bombent la poitrine, le
torse arqué en arrière à force de vouloir être
droits, se redressant encore à chaque nouvelle
bordée de hourras, d'un intrépide coup de menton, — le légendaire « appel de boue » des chasseurs. L'encombrant barda qui les charge, leurs
musettes gonflées, leurs boîtes à masque,
l'horrible arsenal de cette guerre de chimiste,
ne pèsent rien sur leur cœur bondissant.... D'un
petit pas nerveux, ils martèlent, égratignent

le sol pierreux et des étincelles jaillissent de
leurs souliers ferrés...

Criez, frères russes ! Criez fort ! C'est la France
de demain qui passe ; que les Boches, là-bas, dans
leurs trous, vous entendent et comprennent!...

Le défilé s'achève, le bataillon fait haltes
les hourras, peu à peu, s'éteignent dans une rumeur qui diminue et va mourir au fond de l'a-,
venue. Un silence, encore tout vibrant, se fait.
La musique va se placer devant le groupe des
chefs et joue l'*Hymne Russe* ; mais la fanfare,
encore tout échauffée, trépidante, ne peut

subitement se mettre au rythme de cette lente incantation, et, malgré les efforts éperdus du chef de musique qui essaye de dompter ses cuivres déchaînés, l'hymne russe, pour une fois, est exécuté... un peu vite, à la mode chasseur.

Puis, c'est *la Marseillaise*.

Au mess, une charmante petite réception a été improvisée, et pendant que fraternisent soldats russes et soldats français, le colonel Netchvolodof et le commandant B... R..., avec leurs officiers, vident une coupe de champagne et trinquent à la victoire prochaine.

X

LE GÉNÉRAL
GOURAUD

LE GÉNÉRAL GOURAUD

Au cours des visites que j'ai pu faire aux armées, il m'a été donné d'être présenté à quelques-uns de nos grands chefs. C'est ainsi que, en Champagne, j'ai eu l'honneur, à diverses phases de la guerre, d'approcher le général Gouraud. Aucun homme ne m'a produit une impression aussi intense.

En Gouraud, ce qui frappe avant tout, ce qui surprend, ce qui subjugue, ce sont les yeux. La photographie a popularisé la figure du général, mais elle ne peut donner une idée de la puissance étrange, fascinatrice de son regard.

Imaginez, dans ce long visage basané de colonial, qu'allonge encore une barbe rude de missionnaire, une barbe fauve qui semble grillée

par le soleil, imaginez deux yeux étonnamment
clairs, d'un bleu pâle, inattendu, que le hâle
de la face boucanée fait paraître presque blanc,
comme déteint par l'ardente lumière d'Afrique;
des yeux de désert ou d'océan, de marin ou
d'explorateur ; des yeux d'infini qui voient
loin et profond ; des yeux qui ne cillent pas...
— et aussi des yeux d'apôtre, de voyant ; des
yeux magiques de thaumaturge.

Ce qui frappe aussi, dans cette troublante
figure, c'est la distance anormale qui sépare le
nez de la bouche, aux moustaches dardées,
bouche énergique, violente, serrée par de robustes mâchoires de carnassier, qui contraste
étrangement avec le charme du regard. Cette
singularité donne au profil arqué l'expression
tour à tour séductrice et farouche des félins.

J'ai conscience d'avoir rencontré ailleurs des
yeux qui ressemblent à ces yeux inoubliables
de Gouraud. Ils évoquent pour moi un souvenir certain que je ne puis préciser.... Ah !
oui.... Je sais. Et je vous donne cette impression sans grandeur, telle que je l'ai ressentie,
parce qu'elle est la plus physiquement exacte.

Avez-vous vu des chats siamois ? Avez-vous remarqué leurs prunelles fixes, leurs bizarres prunelles éclairantes, d'un bleu laiteux, phosphorescent, qui luisent mystérieusement comme des opales enchâssées dans leur face fauve ? Eh bien ! les yeux de Gouraud sont pareils.

Il y a dans son regard un sortilège : nul ne résiste à sa force magnétique. Sans doute, c'est son âme héroïque de soldat qui rayonne à travers ses yeux translucides.

Au milieu des fumées pestilentielles de cette guerre de chimistes, au milieu de la boue des tranchées, Gouraud apparaît comme un de ces nobles chevaliers qui surgirent aux grandes époques de foi de notre histoire. Ses yeux clairs de croyant, on s'imagine les voir luire dans l'ombre de la visière d'un heaume. Son long visage aux grands traits simples, stylisés, d'une noblesse gothique, d'une fixité pour ainsi dire tombale, semblent taillés dans le granit dont il a la chaude teinte bistrée. Gouraud évoque ces pures figures de preux qui sont couchés, les yeux grands ouverts, sur le pavé

16.

des cathédrales, serrant sur leur poitrine pour l'éternité le glaive à la poignée en croix.

Évidemment, je n'ai pas vu le général Gouaud en pleine bataille, sous le feu, fanatisant ses soldats qui l'adorent. Ce doit être un sublime spectacle. Mais il m'a été donné d'assister à la grande revue des drapeaux de Verdun, passée par lui en Champagne, vers la fin de l'hiver dernier.

Vous avez tous pu voir revivre, sur l'écran des cinémas, cette splendide vision d'une telle grandeur morale qu'elle transparaissait malgré l'insensibilité du procédé mécanique. L'émotion qui s'en dégageait était tellement intense que, dans la nuit de la salle, on avait envie de crier, d'acclamer ces apparences, comme si nos héros étaient là vivants devant nous !... Mais, tout de même, il y a dans la réalité d'une telle scène une sorte d'émanation d'âme, quelque chose d'immatériel qui ne peut se fixer sur la froide gélatine des films. Peut-on photographier l'épopée ?...

Il fallait être là, respirer cette atmosphère exaltée, entendre au lointain de cette plaine, toute bleue de soldats, les clairons et les tambours sonner et battre aux champs, entendre ces drapeaux ivres, gonflés d'espoir, claquer au vent de la victoire!

Sur le passage d'un drapeau, en temps de paix, on se découvrait, étreint d'une émotion qui vous piquait les yeux. Mais là, à cette revue, c'était deux cents, trois cents drapeaux, une légion d'étendards rangés sur une immense ligne, à perte de vue, faisant tout un horizon tricolore et doré, vibrant comme un mirage, un ciel national, frémissant de gloire.... Et c'étaient les drapeaux de Verdun!....

Toute cette magnificence s'agitait sur l'immobilité figée des hommes en capotes décolorées, comme l'idéal rayonnant sur le sacrifice.

Il fallait voir le général, suivi à distance par son État-Major, s'avancer dans un solennel isolement, passer sur ce front flamboyant, et saluer chaque drapeau du seul bras qui lui reste.

Ah! ce salut de Gouraud, d'une gaucherie émouvante, c'est un symbole et un exemple! Il est unique, ce salut, et légendaire dans son armée.

L'amputation du bras droit est trop récente pour que la main gauche, cette humble main pour ainsi dire sortie du rang, si brusquement promue à cet honneur inattendu du salut, ait eu le temps de s'éduquer, de s'exercer à ce nouveau grade. Dans son élan indiscipliné, encore mal assuré, elle dépasse la visière du képi au chêne d'or et monte, vole comme emballée au-dessus de la tête. Et cette main, haut levée, presque brandie, d'où retombe la canne fermement tenue entre les doigts, cette main fatidique, qui peut être vue de loin par toute une armée, a quelque chose de mystique et comme une signification mystérieuse. Geste exalté, d'une ampleur antique, qui dépasse dans son envolée la stricte ordonnance du salut militaire, va jusqu'à l'ovation, jusqu'au lyrisme.

Dans l'immense espace vide, traversé d'un grand souffle inspiré où passent en bouffées les accents héroïques de *Sambre-et-Meuse*, sur ce fond de casques, de baïonnettes et de drapeaux, le général s'avance svelte et raidi, le torse cambré, corseté par son inflexible volonté. Domptant l'ankylose de ses jambes brisées, il marche appuyé sur sa canne, tout d'une pièce comme un paralytique miraculé, toute sa vie ardente réfugiée, condensée dans sa tête coiffée crânement du képi en bataille, dressée dans un fier appel de sa barbe énergique. Il va seul, dévoré par dix mille regards en extase, — sublime automate, idole mutilée du devoir !

Le général a passé maintenant à la distance réglementaire sur tout le front des drapeaux. La revue est terminée, il va partir. Mais je vois que, soudain, il quitte son État-Major. Au lieu de s'éloigner, il se rapproche au contraire des drapeaux; il va vers leur ligne comme s'il ne pouvait résister à leur appel. Ils semblent, en effet, ces drapeaux, lui faire signe, l'acclamer, agitant magnifiquement leurs cravates et leurs franges d'or, leurs couleurs trouées qui laissent voir le ciel. Même les plus mutilés, ceux qui ne sont presque plus que des hampes, frissonnent de tous leurs lambeaux.

Je le devine : c'est plus fort que lui. Il faut qu'il les frôle, qu'il les touche, ces drapeaux sacrés. Il oublie les distances et le voici, maintenant, tout près d'eux : il en est environné. Il les manie, les caresse, plonge sa main avec ivresse dans leurs plis déchiquetés. Sa brune silhouette disparaît par instant au milieu d'un frémissement de soies mouvantes qui semblent vivre et l'enveloppent d'un palpitement d'ailes diaprées. Il a l'air d'un charmeur de drapeaux.

Mais c'est fini. Un brusque adieu à ses hommes et il rejoint son État-Major qui l'attend là-bas. Je le regarde s'éloigner, toujours droit et cambré, appuyé sur sa canne, — et sa manche vide, non repliée, déployée au contraire dans un superbe étalage de sa glorieuse infirmité proclamée, sa manche étoilée flotte, se tord sous l'effort du vent autour de son corps svelte, érigé, comme autour d'une hampe : il est lui-même un étendard vivant !

TABLE DES MATIÈRES

9 782019 949945